Uni-Taschenbücher 1272

Eine Arbeitsgemeinschaft der Verlage

Wilhelm Fink Verlag München
Gustav Fischer Verlag Jena und Stuttgart
Francke Verlag Tübingen und Basel
Paul Haupt Verlag Bern · Stuttgart · Wien
Hüthig Verlagsgemeinschaft
Decker & Müller GmbH Heidelberg
Leske Verlag + Budrich GmbH Opladen
J. C. B. Mohr (Paul Siebeck) Tübingen
Quelle & Meyer Heidelberg · Wiesbaden
Ernst Reinhardt Verlag München und Basel
Schäffer-Poeschel Verlag · Stuttgart
Ferdinand Schöningh Verlag Paderborn · München · Wien · Zürich
Eugen Ulmer Verlag Stuttgart
Vandenhoeck & Ruprecht in Göttingen und Zürich

Rudolf Bultmann

JESUS

J. C. B. Mohr (Paul Siebeck) Tübingen

Rudolf Bultmann, 1884 in Wiefelstede (Oldenburg) geboren, 1976 in
Marburg gestorben. Er wurde 1912 Privatdozent für Neues Testament in
Marburg, 1916 Professor in Breslau, 1920 in Gießen, 1921 in Marburg.

Das Nachwort für diese Taschenbuchausgabe schrieb
Professor Dr. Walter Schmithals, Berlin

1. Auflage 1926   Deutsche Bibliothek, Berlin
2. Auflage 1929   verändert
Neuausgabe 1951 J. C. B. Mohr (Paul Siebeck), Tübingen
3. Auflage 1964   J. C. B. Mohr (Paul Siebeck)/Siebenstern,
                   mit Nachwort von Walter Schmithals
Neuausgabe 1983 J. C. B. Mohr (Paul Siebeck)/UTB

CIP-Titelaufnahme der Deutschen Bibliothek:

Bultmann, Rudolf:
Jesus/Rudolf Bultmann. – Tübingen: Mohr, 1988
   (UTB für Wissenschaft: Uni-Taschenbücher; 1272)
   ISBN 3-16-145330-1

NE: UTB für Wissenschaft/Uni-Taschenbücher

Gesamtherstellung: Presse-Druck, Augsburg.

Printed in Germany.

JESU VERKÜNDIGUNG: DER FERNE UND DER NAHE GOTT

Die Art der Betrachtung

Eigentlich sollte ich nicht von der Art der »Betrachtung« reden. Denn eine Grundvoraussetzung der folgenden Darstellung ist die, daß man die Geschichte, wenn man ihr Wesentliches erfassen will, nicht »betrachten« kann, so wie der Mensch seine Umwelt, die Natur betrachtet und sich betrachtend über sie orientiert. Das Verhältnis des Menschen zur Geschichte ist ein anderes als das zur Natur. Von der Natur unterscheidet er sich, wenn er sich in seinem eigentlichen Sein erfaßt. Wendet er sich betrachtend zur Natur, so konstatiert er dort nur ein Vorhandenes, das er nicht selbst ist. Wendet er sich dagegen zur Geschichte, so muß er sich sagen, daß er ja selbst ein Stück der Geschichte ist und sich also einem Zusammenhang (»Wirkungszusammenhang«) zuwendet, in den er selbst mit seinem Sein verflochten ist. Er kann also diesen Zusammenhang nicht einfach so als ein Vorhandenes betrachten wie die Natur, sondern er sagt mit jedem Wort über die Geschichte in gewisser Weise zugleich etwas über sich selbst. Es kann also nicht in *dem* Sinne objektive Geschichtsbetrachtung geben, wie es objektive Naturbetrachtung gibt. Soll deshalb die folgende Darstellung mehr sein als eine Orientierung über interessante Dinge der Vergangenheit, mehr als ein Gang durch eine Antiquitätensammlung, soll sie wirklich dazu führen, Jesus als ein Stück der Geschichte zu sehen, in der auch wir unsere Existenz haben oder in kritischer Auseinandersetzung gewinnen, so kann die Darstellung nur ein beständiger Dialog mit der Geschichte sein. Aber wohlverstanden: der Dialog kommt nicht hinterher, etwa als eine »Wertung«, nachdem man vorher erst die Geschichte in ihrem objektiven Bestande erkannt hat. Vielmehr vollzieht sich die wirkliche Begegnung der Geschichte von vornherein nur im Dialog. Nur wenn man sich selbst bewegt weiß von den geschichtlichen Mächten, nicht als neutraler Beobachter, und nur wenn man bereit ist, den Anspruch der Geschichte zu hören, versteht man überhaupt, worum es sich in der Geschichte handelt. Dieser Dialog ist aber deshalb nicht ein geistreiches Spiel der Subjektivität des Betrachters, sondern ein wirkliches Befragen der Geschichte, bei dem der Geschichtsschreiber gerade seine Subjektivität in Frage stellt und bereit ist, die Geschichte als Autorität zu hören. Und diese Geschichtsbefragung endet deshalb nicht in einem völligen Relativismus, als ob nun das Geschichtsbild ganz dem relativen Standpunkt des Betrachters preisgegeben sei. Denn gerade hier soll ja das, was am Betrachter das Relative ist, nämlich all die Voraussetzungen, die er aus seiner Zeit und seiner Schulung und seiner individuellen Haltung in ihnen mitbringt, preisgegeben werden, und die Geschichte soll wirklich reden. Sie redet aber nicht, wenn man sich die Ohren zustopft, d. h. wenn man eine Neutralität ihr gegenüber beansprucht, sondern wenn man bewegt durch Fragen zu ihr kommt und aus ihr lernen will. Nur bei dieser Haltung der Geschichte gegenüber kann und muß sich herausstellen, ob in der Geschichte wirklich etwas »Objektives« vorliegt, ob die Geschichte uns etwas zu sagen hat.

Eine andere Geschichtsbetrachtung, die ihre Objektivität durch ihre Methode zu erreichen versucht, gelangt zwar wohl im besten Falle über die Subjektivität des einzelnen Betrachters hinaus, bleibt aber dafür gänzlich in der Subjektivität der Methode, d. h. sie sieht die Geschichte nur in der Perspektive, die durch die Zugehörigkeit des Betrachters zu einer bestimmten Epoche oder Schule gegeben ist, also höchst relativ. Zur Erfassung dessen in der Geschichte, was methodisch objektiv erfaßt werden kann, nämlich zur Orientierung über die chronologisch fixierbaren Vorgänge des Gewesenen, bringt solche Geschichtsbetrachtung es wohl; und insofern ist sie immer unentbehrlich. Aber wenn sie sich darauf beschränkt, verfehlt sie das eigentliche Wesen der Geschichte, da sie immer nur auf Grund bestimmter Voraussetzungen – eben der Methode – die Geschichte befragt und also wohl quantitativ viel Neues aus der Geschichte lernt, dagegen eigentlich nichts Neues über den Menschen und seine Geschichte. Sie sieht in der Geschichte immer nur so wenig oder so viel vom Menschen und von der Menschheit, als sie schon – ausgesprochen oder unausgesprochen – weiß: sie sieht damit so richtig oder so falsch, wie es eben damit gegeben ist.

Das ist z. B. ganz deutlich, wenn sich ein Geschichtsschreiber das Ziel steckt, eine geschichtliche Erscheinung oder eine geschichtliche Persönlichkeit »psychologisch verständlich« zu machen. Schon dieser Ausdruck zeigt ja, daß ein solcher Historiker über die Möglichkeiten des psychischen Lebens in seiner Betrachtung verfügt; er ist ja bestrebt, alles an der betreffenden Erscheinung oder Persönlichkeit auf solche Möglichkeiten zu reduzieren. Eben das nennt man »verständlich machen«, zurückführen auf das, worüber man in seinem Wissen verfügt. Man versteht damit alles Individuelle als einzelne Fälle allgemeiner Gesetze, und diese Gesetze meint man zu kennen. Von da aus wird dann auch Kritik an der Überlieferung getrieben, indem man das, was sich nicht so verstehen läßt, als ungeschichtlich erklärt. Sofern man nun psychische Fakten der Vergangenheit zum Objekt der Betrachtung macht, ist solche Methode natürlich ganz im Recht. Es fragt sich nur, ob solche Betrachtung und damit solche Methode das Wesen der Geschichte erschließt, der Geschichte wirklich begegnet. Wer des Glaubens ist, über die Möglichkeiten seiner Existenz erst durch die Geschichte Aufschluß zu erhalten, wird deshalb die psychologische Betrachtungsweise, so berechtigt sie an ihrem Platze sein mag, ablehnen, wenn es sich darum handelt, die Geschichte wirklich zu verstehen. Und dieses Glaubens ist auch die folgende Darstellung, der also schlechterdings nichts daran gelegen ist, das geschichtliche Phänomen Jesus psychologisch verständlich zu machen, und die sich deshalb auf das eigentliche Biographische, von einem kurzen orientierenden Abschnitt abgesehen, überhaupt nicht einläßt.

Also zu einer Geschichts-»Betrachtung« will ich den Leser im Grunde nicht führen, sondern zu einer höchst persönlichen Begegnung mit der Geschichte. Aber weil die folgende Darstellung für den Leser natürlich nicht ohne weiteres eine Begegnung mit der Geschichte sein kann, sondern zunächst nur – im besten Falle – eine Orientierung über *meine* Begegnung mit der Geschichte, stellt sich für ihn die ganze Darstellung zunächst nur als Betrachtung dar, über deren Art ich ihn orientieren muß. Ob er bei der Betrachtung stehen bleibt, ist seine Sache.

Kann nun die folgende Darstellung nicht in dem üblichen Sinne auf Objektivität Anspruch machen, so ist sie in einem anderen Sinne um so mehr objektiv. Sie verzichtet nämlich darauf, Prädikate zu erteilen. Im Erteilen von Prädikaten sind sonst »objektive« Historiker oft freigebig und bringen dadurch ein Moment der Subjektivität in die Darstellung, das mir nun nicht berechtigt vorkommt. Es beruht nämlich auf einer Anschauung, die man an die Geschichte heranbringt und an der man die geschichtlichen Erscheinungen mißt, sofern es sich nicht um lediglich formale Wertungen der Bedeutung einer Erscheinung oder Persönlichkeit für den geschichtlichen Zusammenhang handelt. Solche sind natürlich notwendig. Dagegen werden die Zensuren, die manche Geschichtsschreiber erteilen, und zwar gute wie schlechte Zensuren, von einem Standpunkt jenseits der Geschichte gegeben. Demgegenüber handelt es sich mir darum, jedes Jenseits der Geschichte gegenüber zu vermeiden und innerhalb der Geschichte Platz zu finden. Deshalb unterbleiben auch solche Wertungen, die auf der Unterscheidung von Geschichtlichem und Übergeschichtlichem in der Geschichte beruhen. Versteht man freilich unter dem geschichtlichen Geschehen nur die chronologisch fixierbaren Erscheinungen und Begebenheiten (»das, was passiert ist«), so hat man schon Anlaß, nach etwas Übergeschichtlichem in der Geschichte zu fragen, das das Interesse an der Geschichte überhaupt zu motivieren vermag. Doch ist dann der Verdacht am allerdringendsten, daß das Wesentliche der Geschichte verfehlt ist; denn dies ist in der Tat nichts *Über*geschichtliches, sondern zeitliches Geschehen. Es fehlen demgemäß in der folgenden Darstellung sämtliche Wendungen, in denen von Jesus als großem Mann, Genie oder Heros die Rede ist; er erscheint weder als dämonisch noch als faszinierend, seine Worte werden nicht als tief, sein Glaube nicht als gewaltig, sein Wesen nicht als kindlich bezeichnet. Aber es ist auch nicht von den ewigen Werten seiner Botschaft, von seiner Entdeckung der zeitlosen Tiefen der Menschenseele oder dergleichen die Rede, sondern der Blick ist einzig auf das gerichtet, was er *gewollt* hat und was deshalb als Forderung seiner geschichtlichen Existenz Gegenwart werden kann.

Auch aus diesem Grunde ist das Interesse an der »Persönlichkeit« Jesu ausgeschaltet. Nicht etwa, weil ich aus der Not eine Tugend machen wollte. Denn freilich bin ich der Meinung, daß wir vom Leben und von der Persönlichkeit Jesu so gut wie nichts mehr wissen können, da die christlichen Quellen sich dafür nicht interessiert haben, außerdem sehr fragmentarisch und von der Legende überwuchert sind, und da andere Quellen über Jesus nicht existieren. Was seit etwa anderthalb Jahrhunderten über das Leben Jesu, seine Persönlichkeit, seine innere Entwicklung und dergleichen geschrieben ist, ist — soweit es nicht kritische Untersuchungen sind — phantastisch und romanhaft. Man erhält davon einen starken Eindruck, wenn man z. B. die von Albert Schweitzer glänzend beschriebene Geschichte der Leben-Jesu-Forschung (2. Auflage 1913) liest oder wenn man sich die verschiedenen Urteile der Forscher über das messianische Bewußtsein Jesu vergegenwärtigt. Bedenkt man, wie sehr die Urteile darüber auseinandergehen, ob Jesus sich für den Messias gehalten hat oder nicht, und wenn, in welchem Sinne er es getan hat, seit wann usw., und bedenkt man weiter, daß es doch wahrhaftig keine Kleinigkeit wäre, sich für den Messias zu halten, daß vielmehr der, der sich dafür hielt, in seinem ganzen Wesen entscheidend dadurch bestimmt gewesen sein muß, so muß man doch gestehen: wenn über diesen Punkt Dunkel herrscht, so bedeutet das eben, daß wir so gut wie nichts über seine Persönlichkeit wissen. Ich persönlich bin der Meinung, daß Jesus sich nicht für den Messias gehalten hat, bilde mir aber nicht ein, um deswillen ein deutlicheres Bild von seiner Persönlichkeit zu haben. Ich habe aber in der folgenden Darstellung diese Frage überhaupt nicht berücksichtigt, und zwar im letzten Grunde nicht deshalb, weil sich darüber nichts Sicheres sagen läßt, sondern weil ich die Frage für nebensächlich halte.

Denn mag es auch gute Gründe geben, aus denen man sich für die Persönlichkeit bedeutsamer geschichtlicher Gestalten interessiert, sei es Platon oder Jesus, Dante oder Luther, Napoleon oder Goethe, so trifft dieses Interesse jedenfalls nicht das, woran all diesen Personen gelegen war, denn *ihr* Interesse war nicht ihre Persönlichkeit, sondern ihr Werk. Und zwar ihr Werk nicht, sofern es als Ausdruck ihrer Persönlichkeit »verständlich« ist, oder sofern im Werke die Persönlichkeit »Gestalt« gewonnen hat, sondern sofern ihr Werk eine Sache ist, für die sie sich einsetzten. Das »Werk« ist also auch nicht gemeint als das, was dabei herausgekommen ist, als die Summe der geschichtlichen Wirkungen; denn auf dies konnte sich der Blick jener Personen ja gar nicht richten. Vielmehr ist das »Werk« von *ihrem* Blickpunkt aus gemeint als das, was sie eigentlich gewollt haben. Und in dieser Hinsicht sind sie der eigentliche Gegenstand der geschichtlichen Forschung, wenn anders die Befragung der Geschichte keine neutrale Orientierung über objektiv feststellbare Vorgänge in der Vergangenheit ist, sondern von der Frage bewegt ist, wie wir selbst, die wir in der Bewegung der Geschichte stehen, zur Erfassung unserer eigenen Existenz gelangen können, d. h. Klarheit gewinnen können über die Möglichkeiten und Notwendigkeiten unseres eigenen Wollens.

Bei den Personen nun, die wie Jesus durch das Wort gewirkt haben, läßt sich das, was sie gewollt haben, ja nur reproduzieren als ein Zusammenhang von Sätzen, von Gedanken, als Lehre. Wenn man nun, wie das der modernen Auffassung naheliegt, hinter die Lehre zurückgehen will auf die psychische Verfassung oder auf die Persönlichkeit Jesu, so verfehlt man aus den oben entwickelten Gründen das, was er gewollt hat. Man kann dies in der Tat zunächst nur als seine Lehre erfassen. Aber freilich liegt nun das Mißverständnis nahe, als sei solche Lehre ein System allgemeiner Wahrheiten, ein System von Sätzen, die ihre Gültigkeit haben, abgesehen von der konkreten Lebenssituation, in der der Sprechende steht. Dann ergäbe sich weiter die Folgerung, daß die Wahrheit solcher Sätze zu bemessen sei an einem idealen allgemeingültigen System von Wahrheiten, von ewig gültigen Sätzen. Und sofern oder soweit Jesu Gedanken einem solchen idealen System entsprechen würden, könnte man vom Übergeschichtlichen in Jesu Verkündigung reden. Daran aber würde wieder klarwerden, daß man auf das Wesentliche in der Geschichte verzichtet hat, daß man eigentlich Neuem in der Geschichte nicht begegnet ist. Denn dies ideale System wäre ja nicht aus der Geschichte gewonnen, da es vielmehr ein Jenseits gegenüber der Geschichte bezeichnet, an der die einzelnen geschichtlichen Erscheinungen gemessen würden. Die Geschichtsbetrachtung würde dann im besten Falle darin bestehen, sich dies vorherbestehende ideale System an der Anschauung konkreter »Fälle« zum Bewußtsein zu bringen; die Geschichtsforschung würde eine Arbeit der »Erinnerung« im platonischen Sinne sein, ein Sichklarwerden über das, was man im Grunde schon hat. Solche Geschichtsbetrachtung wäre im Grunde rationalistisch; die Geschichte als zeitliches Geschehen wäre ausgeschaltet.

Wenn also von Jesu Lehre oder Jesu Gedanken die Rede ist, so liegt dem nicht die Vorstellung von einem allgemeingültigen idealen Gedankensystem zugrunde, das für jedermann einleuchtend gemacht werden kann. Sondern die Gedanken sind als das verstanden, was sie in der konkreten Situation eines in der Zeit lebenden Menschen sind: als die Auslegung der eigenen, in der Bewegung, in der Ungesichertheit, in der Entscheidung befindlichen Existenz; als der Ausdruck für eine Möglichkeit, diese Existenz zu erfassen; als der Versuch, über die Möglichkeiten und Notwendigkeiten des eigenen Daseins klarzuwerden. Begegnen uns also in der Geschichte Jesu Worte, so sollen sie nicht von einem philosophischen System aus in bezug auf ihre rationale Gültigkeit beurteilt werden, sondern sie begegnen uns als Fragen, wie wir selbst unsere Existenz auffassen wollen. Daß wir selbst von der Frage unserer Existenz bewegt werden, ist dabei freilich die Voraussetzung. Dann aber wird die Befragung der Geschichte nicht zur Bereicherung eines zeitlosen Wissens führen, sondern zu einer Begegnung mit der Geschichte, die selbst ein zeitlicher Vorgang ist; das wäre ein Dialog mit der Geschichte.

Im übrigen ist über die folgende Darstellung nur wenig zu sagen.

Ihr Gegenstand ist also nicht das Leben oder die Persönlichkeit Jesu, sondern nur seine »Lehre«, seine Verkündigung. So wenig wir vom Leben und der Persönlichkeit wissen – von seiner Verkündigung wissen wir so viel, daß wir uns ein zusammenhängendes Bild machen können. Indessen ist auch hier bei dem Charakter unserer Quellen äußerste Vorsicht geboten. Was uns die Quellen bieten, ist ja zunächst die Verkündigung der Gemeinde, die sie freilich zum größten Teil auf Jesus zurückführt. Das beweist aber natürlich nicht, daß alle Worte, die sie ihm in den Mund legt, wirklich von ihm gesprochen worden sind. Bei vielen Worten läßt sich der Nachweis führen, daß sie vielmehr erst in der Gemeinde entstanden sind, bei anderen, daß sie von der Gemeinde bearbeitet sind. Die kritische Forschung zeigt, daß die ganze Überlieferung von Jesus, die in den drei synoptischen Evangelien des Matthäus, Markus und Lukas vorliegt, in eine Reihe von Schichten zerfällt, die im groben ziemlich sicher voneinander gesondert werden können, deren Trennung in manchen Einzelheiten aber schwierig und zweifelhaft ist. Das Johannesevangelium kommt als Quelle für die Verkündigung Jesu wohl überhaupt nicht in Betracht und ist deshalb in der folgenden Darstellung gar nicht berücksichtigt worden. Die Trennung jener Schichten in den synoptischen Evangelien nun geht zunächst von der Tatsache aus, daß diese Evangelien griechisch innerhalb des hellenistischen Christentums verfaßt sind, während Jesus und die älteste Gemeinde in Palästina ihren Platz hatten und aramäisch sprachen. Alles, was in den Synoptikern aus sprachlichen oder sachlichen Gründen nur im hellenistischen Christentum entstanden sein kann, scheidet deshalb als Quelle für die Verkündigung Jesu aus. Die kritische Analyse zeigt aber, daß der wesentliche Bestand dieser drei Evangelien aus der aramäischen Überlieferung der ältesten palästinensischen Gemeinde übernommen worden ist. Innerhalb dieses Bestandes nur lassen sich wieder verschiedene Schichten unterscheiden, indem das, was spezifische Interessen der Gemeinde verrät oder die Züge einer fortgeschrittenen Entwicklung trägt, als sekundär ausgeschieden werden muß. Man kommt so mittels der kritischen Analyse zu einer ältesten Schicht, auch wenn man diese nur mit relativer Sicherheit abgrenzen kann. Natürlich hat man erst recht keine Sicherheit, daß die Worte dieser ältesten Schicht wirklich von Jesus gesprochen sind. Es wäre möglich, daß auch die Entstehung der ältesten Schicht schon auf einen komplizierten historischen Prozeß zurückgeht, den wir nicht mehr zu erkennen vermögen. Zwar ist der Zweifel, ob Jesus wirklich existiert hat, unbegründet und keines Wortes der Widerlegung wert. Daß er als Urheber hinter der geschichtlichen Bewegung steht, deren erstes greifbares Stadium die älteste palästinensische Gemeinde darstellt, ist völlig deutlich. Aber wie weit die Gemeinde das Bild von ihm und seiner Verkündigung objektiv treu bewahrt hat, ist eine andere Frage. Für denjenigen, dessen Interesse die Persönlichkeit Jesu ist, ist diese Sachlage bedrückend oder vernichtend; für unseren Zweck ist sie nicht von wesentlicher Bedeutung. Denn der Komplex von Gedanken, der in jener ältesten Schicht der Überlieferung vorliegt, ist der Gegenstand unserer Darstellung. Er begegnet uns zunächst als ein Traditionsstück, das aus der Vergangenheit zu uns gelangt ist, und in seiner Befragung suchen wir die Begegnung mit der Geschichte. Als der Träger dieser Gedanken wird uns von der Überlieferung Jesus genannt; nach überwiegender Wahrscheinlichkeit war er es wirklich. Sollte es anders gewesen sein, so ändert sich damit das, was in dieser Überlieferung gesagt ist, in keiner Weise. So sehe ich auch keinen Anlaß, der folgenden Darstellung nicht den Titel der Verkündigung Jesu zu geben und von Jesus als dem Verkünder zu reden. Wer dieses »Jesus« für sich immer in Anführungsstriche setzen und nur als abkürzende Bezeichnung für das geschichtliche Phänomen gelten lassen will, um das wir uns bemühen, dem ist es unbenommen. Ich darf nur noch bemerken, daß ich im folgenden nur in seltenen Fällen kritisch-analytische Erwägungen mitgeteilt habe; im Zusammenhang habe ich meine kritische Analyse der synoptischen Evangelien gegeben in meinem Buche »Die Geschichte der synoptischen Tradition«.

Die folgende Darstellung der Verkündigung Jesu bewegt sich nach einer vorausgeschickten zeitgeschichtlichen Orientierung in drei Kreisen, die um den gleichen Mittelpunkt liegen. In jedem Kreis handelt es sich letztlich um das Gleiche und um das Ganze. Das kann freilich erst völlig deutlich werden im dritten, engsten Kreise, und wiederum ist dieser erst verständlich, wenn man durch die beiden äußeren Kreise hindurchgeschritten ist.

Die Übersetzung der evangelischen Texte schließt sich oft an die von J. Wellhausen an.

Endlich will ich bemerken, daß es sich hier nicht um besonders komplizierte und schwierige Dinge handelt, sondern um höchst einfache – soweit es sich um ein theoretisches Begreifen handelt. Es ist freilich zuzugeben, daß auch das Begreifen einfacher Dinge Schwierigkeiten machen kann, was dann aber nicht im Wesen der Dinge begründet ist, sondern darin, daß wir das einfache Sehen verlernt haben und zu sehr mit Voraussetzungen belastet sind. Dies ist in der Tat für unsere eigene zeitgeschichtliche Situation charakteristisch, und sofern die folgenden Ausführungen sich bemühen, für den Verfasser wie für die Leser die richtige Sehweise zu gewinnen, mögen sie manchem schwierig vorkommen. Irre ich mich darin, dann um so besser. Ist es aber so, so möge man bedenken, daß es keinen Wert hat, sich die Sache leichter zu machen, als sie angesichts unserer geistigen Verfassung ist. Die eigentliche Schwierigkeit aber liegt nicht im theoretischen Begreifen, in der Aufnahme des Folgenden als einer »Betrachtung«, sondern in der wirklichen Begegnung mit dem Gegenstand. Nun, für eine große Sache darf man es sich schon etwas kosten lassen, und so ist es mir schon lieber, einen Leser abzuschrekken, als ihn anzulocken, wenn er es sich nichts kosten lassen will.

Der zeitgeschichtliche Rahmen des Auftretens Jesu

Die jüdische Religion

Höchst seltsam ist das Bild des jüdischen Volkes, das um die Wende der Zeitrechnung in Palästina um Jerusalem als die heilige Stadt sein Dasein hat. Es ist ein Volk, das durch eine reiche äußere und innere Geschichte weit von der primitiven, naturgebundenen Lebensweise getrennt ist, in der andere orientalische Völkerschaften in seinem Umkreis noch mehr oder weniger verharren. Ein Volk, dessen politisches Leben durch die Römerherrschaft endgültig gebrochen ist und dessen wirtschaftliche Verfassung keine Probleme enthält, die zu geschichtskräftigen soziologischen Bildungen geführt hätten. Ein Volk endlich, das nicht in *dem* Sinne ein geistiges Leben führt, daß in seinen Kreisen kulturelle Bildungen wie Wissenschaft, Kunst und Recht sich mit ihrer Eigengesetzlichkeit entwickelt hätten. Ein Volk also, das, erfüllt von stärkster Lebenskraft, von gewaltigen naturhaften Instinkten, von höchster moralischer Energie und feinsten intellektuellen Fähigkeiten, doch nicht in alledem seine Existenz führt, was sonst das Leben der Völker auf Erden erfüllt. Gesetz und Verheißung bestimmen das Leben dieses Volkes, Gehorsam und Hoffnung erfüllen seinen Sinn. Gesetz – aber nicht ein aus den konkreten Lebensverhältnissen entstandenes und von rationalen Gedanken begründetes und gegliedertes Recht, sondern ein aus alten, längst nicht mehr lebendigen und oft gar nicht mehr verstandenen sozialen Bedingungen und kultischen Motiven erwachsenes Gesetz, künstlich konserviert und kasuistisch fortgebildet und interpretiert. Ein Gesetz, keineswegs ohne den starken Einschlag ethischer Gedanken, aber doch auch nicht ein Moralgesetz; ein Gesetz, das nicht auf einer ethischen Idee vom Menschen und der Menschheit beruht, für das vielmehr die Verbindung ethischer und juristischer Gesichtspunkte bezeichnend ist. Ein Gesetz, das eigentlich nur den Sinn hat, den Menschen von der Welt zu lösen, vom Interesse an einer selbständigen geistigen Kultur zu entbinden und ihn im Gehorsam unter die außerweltliche Macht Gottes zu beugen, eines Gottes, dessen Bild in keinem Sinne durch die Anschauung bestimmt ist, die der Mensch von seinem eigenen höchsten geistigen Leben hat. Ein Gott, der am ersten dem Bilde des orientalischen Herrschers zu vergleichen wäre, der in voller Willkür über sein Volk gebietet, an kein rationales Recht gebunden. Aber ein Gott, dessen Bild von dem des orientalischen Herrschers wiederum völlig verschieden ist, da ihm alle sinnlichen Züge fehlen, da ihm alle tyrannischen Aspirationen fremd sind; ein Gott, der Recht und Gerechtigkeit verlangt und die Sünde straft, ein Gott, der sein Volk liebt wie ein Vater seinen erstgeborenen Sohn, ein Gott, zu dem der Fromme als zu seinem Vater ruft und dessen Hilfe er sich in allen Lebenslagen getröstet.

Das Gesetz dieses Volkes und der unbedingte Gehorsam des Frommen machen das jüdische Volk zum auserwählten Volk. Und der primäre Sinn dieses Titels – gleichgültig, welche hochmütigen oder naiv-sinnlichen Ansprüche sich sonst damit verbinden mögen – ist jedenfalls der, daß dies Volk ein heiliges Volk ist, d. h. daß es aus der Welt, aus ihren Interessen und Idealen herausgehoben ist und den Schwerpunkt seiner Existenz im Jenseits hat. Eben diesen Sinn haben auch Verheißung und Hoffnung. Denn diese Hoffnung hat zu ihrem Inhalt nicht irgendwelche Programme eines politischen, rechtlichen oder wirtschaftlichen Ideals. Man hofft nicht auf einen idealen (dies Wort ernst genommen!) Weltzustand, sondern auf das Ende der irdischen Dinge und auf die Herrlichkeit Gottes und seines Volkes. Und wenn naive Phantasie sich diese Herrlichkeit auch nur vorzustellen vermag in Bildern, die die Freude an sinnlicher Pracht und sinnlichen Genüssen verraten, so ist doch das nicht das Entscheidende. Im Grunde haben solche Vorstellungen nur den negativen Sinn, zu sagen, daß es dann mit aller Not des Lebens, mit Armut und Krankheit ein Ende haben werde, daß dann die Fremdherrschaft der Heiden zu Ende sein werde. Aber was dann eigentlich sein wird, davon gibt es kein bestimmtes Bild. Man weiß nur, daß dann der heilige Gott gegenwärtig in seinem heiligen Volke wohnen wird. Solche Hoffnung beruht auf der Verheißung der Propheten, deren Beziehung zu einstigen konkreten geschichtlichen Situationen ignoriert wird. Wie sie selbst einst schon stark vom Stoff orientalischer Mythologie gesättigt waren, so hat die Mythologie orientalischer Eschatologien, iranischer oder babylonischer Herkunft, weithin die Hoffnung des Judentums beeinflußt und eine eigentümliche neue Literaturgattung, die Apokalyptik, hervorgebracht, die sich bemüht, die Geheimnisse des göttlichen Weltplanes zu enträtseln, die Vorzeichen des Endes zu erkennen und sein Eintreffen zu berechnen und phantastische Unsagbarkeiten himmlischer Herrlichkeit sich auszudenken.

Die Hoffnung verbindet sich in eigentümlicher Weise mit dem Gehorsam; beide stützen sich gegenseitig. Im schriftgelehrten Judentum der nachchristlichen Zeit ist die Hoffnung zwar nicht grundsätzlich, aber in ihrer Intensität und als praktische Haltung mehr und mehr stark zurückgetreten. Das schriftgelehrte Judentum hat schließlich die Apokalyptik abgestoßen und dem Christentum überlassen; sie hat sich ganz auf das Gesetz konzentriert. Wie weit das zur Zeit Jesu schon der Fall war, wird sich schwer sagen lassen. Auf jeden Fall war das jüdische Volk zur Zeit Jesu aufs stärkste von den messianischen Hoffnungen bewegt. Diese Hoffnungen sind im einzelnen sehr verschieden gefärbt, je nachdem, wie weit das überlieferte Bild der alten Davids-Herrlichkeit oder phantastische orientalische Kosmologie und Mythologie dabei eine Rolle spielten, je nachdem wie weit politische Ideale die Gedanken bestimmten oder ein rein religiöses Hoffen vorherrschte. Bei der Verbindung von Gehorsam und Hoffnung ist es verständlich, daß *ein* Stück jener Hoffnungen vor allem viele Gemüter erfüllte: die Hoffnung, daß Gott die Heidenherrschaft zertrümmern werde, daß er sein Land wieder ganz zu einem heiligen machen werde, in dem nur noch das Gesetz der Väter gilt. Wohl begrüßte die offizielle Schicht des jüdischen Volkes die Römerherrschaft, die dem Lande Frieden gab, und die gerade dadurch, daß sie dem Volke die Funktionen seiner staatlichen Existenz abnahm, dem Frommen ein gesetzestreues Leben in Ruhe beim friedlichen Handwerk erlaubte. Auch im Tempel zu Jerusalem wurden für den Cäsar regelmäßig Opfer und Gebete dargebracht, und man begnügte sich damit, daß die Römer gewisse Rücksichten auf die Heiligkeit Jerusalems nahmen. Aber im Volke selbst, und gerade auch in der gesetzesstrengen Richtung der Pharisäer wuchs aus der messianischen Hoffnung vielfach ein glühender Aktivismus, der selbst Hand anlegte, der Herrschaft der Heiden ein Ende zu machen. Seit der Zeit Herodes des Großen hörten die messianischen Bewegungen nicht auf, die schließlich die Zerstörung Jerusalems und die Vernichtung des jüdischen Staates – soweit man von ihm reden kann – in Palästina herbeiführten.

Die messianischen Bewegungen

Schon Herodes hatte eine Verschwörung blutig unterdrücken müssen, zu der es kam, als er im Theater zu Jerusalem Trophäen aufgestellt hatte, die religiösen Anstoß erregten. Als er auf dem Sterbebette lag, rissen jüdische Jünglinge den goldenen Adler, den er am

Tempel hatte anbringen lassen, herab und zerschlugen ihn. Um die aus diesem Anlaß Hingerichteten zu rächen, bricht beim Regierungsantritt des Archelaos am Paschafest ein Aufstand aus, der blutig niedergeschlagen wird. Ebenso bricht nach dem Tode des Herodes in Galiläa ein Aufstand aus unter einem gewissen Judas; er ist nur die Fortsetzung früherer Unruhen, mit denen schon Herodes zu tun gehabt hatte. In Peräa tritt ein gewisser Simon als »König« auf, in Judäa setzt sich ein körperkräftiger Hirt das Diadem auf und führt Krieg gegen Römer und Herodianer. Der jüdische Historiker Josephus bezeichnet die Aufrührer als Banditen; der Fortgang zeigt aber, daß es sich wohl durchweg um messianische Bewegungen handelt. Als der syrische Statthalter Quirinius 6 v. Chr. einen Zensus für Palästina verfügte, kam es in Galiläa zum Abfall, und jener Judas gründete mit dem Pharisäer Sadok zusammen die Partei der Zeloten; religiös gehört sie mit den Pharisäern zusammen, aber sie macht ihre messianische Hoffnung zu einem politischen Programm. Für schmachvoll erklären sie es, den Römern Steuern zu zahlen und außer Gott, dem einen Herrn und König, noch sterbliche Menschen als Herren zu ertragen. Wie sie selbst jede Todesart auf sich nehmen, gilt ihnen die Ermordung von Verwandten und Freunden gleich, wenn sie nur keinen Menschen ihren Herrn zu nennen brauchen. Bis zum Fall Jerusalems haben diese Zeloten den Römern zu schaffen gemacht und neben ihnen die gleichgerichteten Sikarier, die selbst vor der Ermordung des Hohenpriesters nicht zurückschreckten. Pilatus hatte in Judäa zwei kleinere Aufstände zu unterdrücken, die durch die Verletzung des religiösen Gefühls der Juden hervorgerufen waren; in Samaria mußte er einen messianischen Aufstand blutig niederschlagen. Mit den vierziger Jahren mehren sich die Bewegungen. Die alten Unruhen dauern fort. Hier und dort in Jerusalem und auf dem Lande kommt es zu Aufständen. Hier und dort treten messianische Propheten und sogar Könige auf: unter Cuspius Fadus der »Prophet« Theudas, unter Ventidius Cumanus der »Bandit« Eleasar, unter Felix ein »Prophet«, der aus Ägypten kommt, der die Schar seiner Anhänger auf den Ölberg führt und mit ihnen in Jerusalem einziehen will, dessen Mauern auf sein Geheiß zusammenstürzen würden; unter Festus ein Prophet, der »Heil« und Befreiung von allem Elend verheißt. Kurz, eine ganze Reihe von Propheten, die nach dem Bericht des Josephus »unter dem Gebaren, von Gott ergriffen zu sein, auf Umwälzung und Aufruhr hinarbeiteten und das Volk durch ihre Reden verrückt machten und in die Wüste verlockten, als ob Gott ihnen dort Wunder ihrer Befreiung kundtun würde«. Alle diese messianischen Bewegungen haben die Römer blutig unterdrückt und ihre Anstifter, wenn sie ihrer habhaft wurden, gekreuzigt oder sonst getötet. Dabei muß betont werden, daß eine Reihe dieser Bewegungen offenbar keinen eigentlich politischen Charakter trug, daß die messianisch erregten Scharen vielfach keine Gewalt anwandten, sondern das Ende der Römerherrschaft und das Hereinbrechen der Gottesherrschaft allein von einem Wunder Gottes erwarteten. Die Römer unterschieden nicht und konnten es wohl auch kaum; für sie waren alle diese Bewegungen als Empörungen verdächtig.

Johannes der Täufer und Jesus

In dieser Zeit trat auch am Jordan ein Prophet auf, Johannes der Täufer. Auch sein Auftreten gehört in die Reihe der messianischen Bewegungen. Es hatte freilich keinen politischen Charakter, aber es war getragen von der Gewißheit, daß die Zeit des Endes jetzt gekommen sei. Auf Grund dieser Überzeugung verkündigte er Buße. *Ihr Otterngezücht! Wer hat euch gelehrt, daß ihr dem kommenden Zorngericht entrinnen sollt! Bringt also rechtschaffene Frucht der Buße und meint nicht, ihr könntet denken: wir haben Abraham zum Vater. Denn ich sage euch: Gott kann aus diesen Steinen dem Abraham Kinder erwecken. Schon ist die Axt den Bäumen an die Wurzel gelegt, und jeder Baum, der nicht Frucht trägt, wird abgehauen und ins Feuer geworfen!* Als Asket trat er auf, und für seine Sekte war das Fasten charakteristisch (Mark 2, 18; Matth 11, 18). Außerdem brachte er die Taufe. Waschungen, die kultische und rituelle Reinheit gewähren sollten, kannte das Judentum wie andere Religionen des Orients längst. Zur Zeit der Entstehung des Christentums aber entstanden in dieser Gegend eine ganze Reihe von Taufsekten, zu denen auch die sogenannten Essener gehören. Hier wird der Taufe eine ganz besondere Bedeutung zugeschrieben, die offenbar im Zusammenhang mit eschatologischen Spekulationen steht. So wird man auch die Taufe, die Johannes verkündigte, als ein eschatologisches Sakrament bezeichnen dürfen. Wer sich ihr samt der mit ihr verbundenen Bußpflicht unterzog, der reinigte sich für die hereinbrechende Gottesherrschaft, der gehörte zu dem Kreis derer, die dem kommenden Zorngericht entrinnen würden. Orientalische, nichtjüdische Vorstellungen sind wohl von Einfluß gewesen auf diese Taufbewegung; altorientalische Mythologie iranischer und babylonischer Herkunft vielleicht auch auf die Predigt des Täufers von dem kommenden Richter. Aber wir wissen darüber wenig aus den nächsten Quellen, den Evangelien und Josephus. In der Literatur der später auftauchenden gnostischen Sekte der Mandäer sind manche Fragmente einer Tradition bewahrt worden, die auf die Taufsekten zurückgeht, in deren Rahmen auch Johannes der Täufer seinen historischen Ort hat. Merkwürdig ist es, daß die Mandäer sich Nazoräer nennen; so wird ja auch Jesus in der urchristlichen Überlieferung mehrfach bezeichnet. Da sich nun diese Benennung nicht von dem Namen seines Heimatdorfes Nazareth ableiten läßt und da die urchristliche Überlieferung die Erinnerung daran bewahrt hat, daß Jesus sich von Johannes taufen ließ, so wird man schließen dürfen, daß Jesus ursprünglich zu der Sekte des Täufers gehörte und daß die Jesus-Sekte eine Absplitterung der Johannes-Sekte ist. Darauf weisen auch andere Spuren in der evangelischen Überlieferung, Worte, in denen bald die Einheit Jesu und des Täufers betont, bald Jesu Überlegenheit über Johannes hervorgehoben wird, Worte, die bald die Solidarität der beiden Sekten gegenüber dem orthodoxen Judentum, bald die Konkurrenz der beiden Sekten erkennen lassen.

Aber dies soll hier nicht weiter verfolgt werden. Wichtig ist die Tatsache, daß unter den vielen messianischen Bewegungen um die Wende der Zeitrechnung neben der Täufersekte auch die Bewegung emporwuchs, die Jesus durch seine Predigt entfachte, die Sekte, die in Jesus den Messias sah, dessen Wiederkommen sie nach seiner Hinrichtung erwartete, wie wir Ähnliches übrigens auch von einer samaritanischen Sekte wissen. Beide Bewegungen, die des Johannes und die Jesu, waren messianische. Ihr Zusammenhang untereinander und mit anderen messianischen Bewegungen ist auch daran zu erkennen, daß Jünger des Täufers zu Jesus übergingen, ja, daß sich unter den Anhängern Jesu auch ein Zelot findet. Den eigentümlich unpolitischen Charakter des Auftretens der beiden konnte der Außenstehende wohl um so weniger erkennen, als beide zu erheblichen Volksbewegungen führten. Beide Bewegungen sind deshalb zunächst durch die Hinrichtung ihres Führers unterdrückt worden. Johannes der Täufer wurde durch Herodes Antipas enthauptet. Einen ganz legendarischen Bericht darüber hat Mark 6, 17–29 überliefert, während Josephus erzählt, daß Herodes angesichts der Scharen, die zum Täufer strömten, fürchtete, Johannes werde das Volk zum Aufruhr treiben, und dem durch die Hinrichtung zuvorkam. Jesus wurde durch den römischen Prokurator Pontius Pilatus gekreuzigt. Welche Rolle dabei die jüdische Behörde gespielt hat, der die christliche Überlieferung die Hauptschuld zuschiebt, ist nicht mehr klar zu erkennen. Es ist wahrscheinlich, daß sie, wie sonst, im Interesse der politischen Ruhe mit den Römern Hand in Hand arbeitete. Es kann aber kaum zweifelhaft sein, daß Jesus wie andere Aufrührer als messianischer Prophet am Kreuze starb.

Jesu Verkündigung: Das Kommen der Gottesherrschaft

Heilsruf und Bußruf

Eschatologische Botschaft ist die Verkündigung Jesu, d. h. die Botschaft, daß nunmehr die Erfüllung der Verheißung vor der Tür stehe, daß nunmehr die Gottesherrschaft hereinbreche:

> *Heil den Augen, die sehen, was ihr seht!*
> *Denn ich sage euch:*
> *Viele Propheten und Könige wollten sehen, was ihr seht,*
> *und haben es nicht gesehen,*
> *Wollten hören, was ihr hört,*
> *und haben es nicht gehört! (Luk 10, 23 u. 24)*

Nun erklingt der Heilsruf:

> *Heil euch Armen, denn euer ist die Gottesherrschaft!*
> *Heil euch, die ihr jetzt hungert, denn ihr sollt satt werden!*
> *Heil euch, die ihr jetzt weint, denn ihr sollt lachen!*
> (Luk 6, 20 u. 21)

Bricht die Gottesherrschaft herein, so muß die Herrschaft des Satans, der jetzt mit seinen bösen Geistern auf Erden sein Wesen treibt, ein Ende nehmen. Und man sieht schon, wie die Dämonen fliehen, ihre Sache ist verloren. Im Bewußtsein ihrer Sendung vertreiben Jesus und seine Jünger Dämonen und heilen Kranke. Ein seltsames Wort von ihm an seine Jünger wird überliefert: *Ich sah den Satan wie einen Blitz vom Himmel fallen. Siehe, ich gebe euch die Vollmacht, auf Schlangen und Skorpione zu treten und über die ganze Macht des Feindes, und nichts kann er euch zuleide tun! (Luk 10, 18)*

Den Zweiflern hält er entgegen: *Wenn ich durch den Finger Gottes die Dämonen austreibe, so ist ja die Gottesherrschaft zu euch gelangt! (Luk 11, 20).* Da muß doch, wer Augen hat zu sehen, erkennen, daß Gott, der Stärkere, über den Satan geraten ist und seine Macht gebrochen hat; denn ... *keiner kann in das Haus eines Gewaltigen eindringen und es plündern, wenn er nicht zuvor den Gewaltigen gebunden hat (Mark 3, 27).*

So ist es denn wahr! Die Verheißung des Propheten ist erfüllt.

Die Blinden sehen, und die Lahmen gehen,
Die Aussätzigen werden rein, und die Tauben hören,
Die Toten stehen auf, und den Armen erklingt die Botschaft vom
Heil (Matth 11, 5)

Die Zeit der Freude bricht an; Trauern und Fasten ist vorbei; es ist hohe Zeit, und wer vermöchte in den Tagen der Hochzeit zu fasten? (Mark 2, 19)

Sowenig wir vom Leben Jesu wissen, – behält man im Auge, daß er schließlich als messianischer Aufrührer gekreuzigt wurde, so darf man die fragmentarischen, von der Legende überwucherten Erzählungen vom Schluß seines Wirkens wohl verstehen im Lichte dieser eschatologischen Botschaft. Mit einer Schar begeisterter Anhänger scheint er in Jerusalem eingezogen zu sein; alle waren voll des Jubels und der Gewißheit: jetzt bricht die Gottesherrschaft an, – ähnlich wie jene Schar, die der ägyptische Prophet nach Jerusalem führen wollte. Jenem kam der Prokurator Felix zuvor und zerstreute seine Schar durch eine entgegengesandte Truppenabteilung. Jesus zog in Jerusalem ein, er besetzte, wie es scheint, mit den Seinen den Tempel, um die heilige Stätte von allem Unrat zu reinigen für die kommende Gottesherrschaft. Ein merkwürdiges Wort enthält der älteste Bericht vom letzten Mahle Jesu mit seinen Jüngern in Lukas 22, 15–18:

Wie verlangte mich, dies Paschamahl mit euch zu essen
  (vor meinem Leiden)!
Denn ich sage euch:
Ich werde es wahrlich nicht mehr essen, bis es gegessen wird
  in der Gottesherrschaft!
(und er nahm den Kelch, sprach das Dankgebet und sagte:
Nehmt den und teilt ihn unter euch).
Denn ich sage euch:
Ich werde wahrlich von jetzt an nicht mehr vom Gewächs
  des Weinstocks trinken,
Bis die Gottesherrschaft gekommen ist.

Die Legende hat auch diesen Bericht gefärbt; aber vielleicht schimmert ein altes Wort hindurch, in dem Jesus es als gewiß hinstellt, daß er die nächste (Pascha-?) Mahlzeit mit den Seinen in der Gottesherrschaft feiern wird. Jedenfalls ist seine Botschaft getragen von dieser Gewißheit: die Gottesherrschaft kommt, kommt *jetzt*! Und seine Wirksamkeit in Wort und Tat ist für ihn und die Seinen das

Zeichen: die Gottesherrschaft bricht an. Lächerlich und vermessen ist es, von ihm ein Wunderzeichen als Legitimation zu fordern (Mark 8, 11 und 12); seine Botschaft beglaubigt ihn. Lächerlich ist die Klugheit der Weltmenschen, die, wenn der Feigenbaum zu grünen beginnt, wissen, daß der Sommer kommt; die die Zeichen des Himmels, Wolken und Wind, deuten können und wissen, was es für Wetter werden wird, die aber die Zeichen der gegenwärtigen Zeit nicht verstehen und nicht sehen, daß es die letzte Stunde ist (Mark 13, 28 u. 29; Luk 12, 54–56). In dieser letzten Stunde, der Entscheidungsstunde, ist er gesandt mit dem letzten, entscheidenden Wort. Heil dem, der es versteht, der an ihm nicht Anstoß nimmt! (Matth 11, 6). Denn es gilt, sich zu entscheiden: für ihn oder wider ihn: *Wer nicht mit mir ist, der ist wider mich. Und wer nicht mit mir sammelt, der zerstreut* (Matth 12, 30). Klüger war einst die »Königin des Südens«, die zu Salomo kam, seine Weisheit zu hören; klüger waren die Nineviten, die Buße taten auf die Predigt des Propheten Jona hin; klüger waren sie als die Toren dieses Geschlechtes, die nicht begreifen, worum es sich jetzt handelt (Luk 11, 31 u. 32). Aber bald, wenn die Gottesherrschaft hereinbricht, wenn der Weltrichter, der »Menschensohn« kommt, dann wird Jesus gerechtfertigt werden und:

Wer mich bekennt vor den Menschen,
Den wird auch der Menschensohn bekennen vor den Engeln
  Gottes.
Wer mich verleugnet vor den Menschen,
Der wird verleugnet werden vor den Engeln Gottes.
(Luk 12, 8 u. 9)

Es ist Entscheidungszeit: *Folge mir nach, und laß die Toten ihre Toten begraben!* (Matth 8, 22). *Wer die Hand an den Pflug legt und rückwärts schaut, der taugt nicht für die Gottesherrschaft!* (Luk 9, 62). Vor eine solche Entscheidung stellen vielleicht auch die nicht sicher deutbaren Bildworte vom neuen Lappen, den man nicht auf ein altes Kleid flickt, und vom neuen Wein, den man nicht in alte Schläuche füllt (Mark 2, 21 f): Altes und Neues vertragen sich nicht miteinander.

Um der Gottesherrschaft willen gilt es auf alles zu verzichten; der Mensch ist vor das große Entweder – Oder gestellt, ob er sich für die Gottesherrschaft entscheiden und dann ihr alles zum Opfer bringen will.

Die Gottesherrschaft gleicht einem Schatz, der in einem Acker vergraben war. Es fand ihn einer und verbarg ihn und ging hin in sei-

ner Freude, verkaufte alles, was er hatte, und kaufte den Acker. Die Gottesherrschaft gleicht einem Perlenhändler, der edle Perlen suchte. Als er eine kostbare Perle fand, ging er hin, verkaufte alles, was er hatte, und kaufte die Perle (Matth 13, 44–46).

Wenn dich dein Auge verführt, so reiß es aus und wirf es von dir. Denn es ist besser, daß eins deiner Glieder verlorengeht, als daß dein ganzer Leib in die Hölle geworfen wird. Wenn dich deine Hand verführt, so hau sie ab und wirf sie von dir. Denn es ist besser, daß eins deiner Glieder verlorengeht, als daß dein ganzer Leib in die Hölle kommt (Matth 5, 29 u. 30).

Es gibt Leute, die sich um der Gottesherrschaft willen zu Eunuchen gemacht haben, sagt Jesus (Matth 19, 12). Nur durch die enge Pforte führt der Weg zum Heil; die vielen auf der breiten Straße wandern ins Verderben (Matth 7, 13–14).

Dieser Ruf zur Entscheidung ist der Ruf zur Buße. Denn die meisten Menschen hängen an dieser jetzigen Welt und bringen die Energie nicht auf, sich ganz für Gott zu entscheiden. Sie wollen wohl die Gottesherrschaft, aber sie wollen sie neben anderen Dingen, neben Reichtum und Ansehen bei den Menschen; sie sind unbußfertig. Wenn die Einladung zur Gottesherrschaft an sie ergeht, sind sie durch allerlei Interessen in Anspruch genommen:

Ein Mensch rüstete ein großes Mahl und lud viele ein. Und er sandte seinen Knecht zur Stunde des Mahles, um den Geladenen zu sagen: Kommt, denn nun ist es bereit! Und sie begannen mit einem Male sich alle zu entschuldigen. Der erste sagte: Ich habe einen Acker gekauft und muß dringend fort und ihn besehen; ich bitte dich, sieh mich als entschuldigt an! Und ein anderer sagte: Ich habe fünf Joch Ochsen gekauft und gehe, sie zu besichtigen; ich bitte dich, sieh mich als entschuldigt an! Und ein anderer sagte: Ich habe ein Weib gefreit, und deshalb kann ich nicht kommen! Und der Knecht kam und meldete es seinem Herrn. Da ward der Hausherr zornig und sagte zu dem Knechte: Geh gleich auf die Straßen und Gassen der Stadt und bring die Armen und Krüppel und Blinden und Lahmen her! Und der Knecht sprach: Herr, es ist geschehen, was du befohlen, und es ist noch Platz da. Da sagte der Herr zu dem Knechte: Geh hinaus auf die Landstraße und an die Zäune und nötige sie hereinzukommen, damit mein Haus ganz voll werde! Denn ich sage euch: keiner von jenen Männern, die geladen waren, soll von meinem Mahle kosten! (Luk 14, 16–24)

Der Ruf zur Gottesherrschaft ist also, wie das Gleichnis zeigt, eine Einladung, die zugleich Ansprüche stellt an den Geladenen, nämlich den Anspruch, daß dem Menschen die Gottesherrschaft wirklich über alle Dinge gehe; also ein Anspruch nicht an das leichtsinnige Glücksverlangen, sondern an den Willen des Menschen. Das einladende Wort der Verkündigung ist zugleich ein abschreckendes:

Wer von euch, der einen Turm bauen will, setzt sich nicht zuvor hin und überschlägt die Kosten, ob er genug hat zur Ausführung? Damit nicht, wenn er den Grund gelegt hat und dann nicht zu Ende bauen kann, alle die es sehen, ihn verspotten und sagen: Dieser Mensch hat einen Bau angefangen und kann ihn nicht zu Ende bringen!

Oder welcher König, der gegen einen andern König in den Krieg zieht, setzt sich nicht zuvor hin und hält Rat, ob er imstande ist, mit zehntausend Mann dem zu begegnen, der mit zwanzigtausend gegen ihn ausrückt? Wo nicht, so schickt er eine Gesandtschaft an ihn, solange er noch ferne ist, und bittet um Frieden (Luk 14, 28–32).

Es gilt also sich besinnen, ob man sich wirklich auf diese Einladung einlassen will. Mit Worten schnell bereit sein, hat keinen Wert; es kommt auf den Willen an:

Was nennt ihr mich Herr, Herr! Und tut nicht, was ich sage! Wer zu mir kommt und meine Worte hört und sie tut, ich will euch zeigen, wem der gleicht. Er gleicht einem Manne, der ein Haus baute, der tief grub und auf den Fels Grund legte. Als nun Hochwasser kam, fuhr der Strom gegen das Haus, konnte es aber nicht erschüttern, weil es gut gebaut war. Wer aber hört und nicht tut, der gleicht einem Manne, der ein Haus ohne Baugrund setzte. Als dagegen der Strom fuhr, fiel es ein, und es gab einen großen Zusammenbruch bei dem Hause (Luk 6, 47–50).

Wie weit muß die Hingabe der Opferbereitschaft gehen? *Wer zu mir kommt und haßt nicht Vater und Mutter, Weib und Kinder, Brüder und Schwestern, ja auch sich selbst, der kann mein Jünger nicht sein* (Luk 14, 26).

In zwei kleinen Erzählungen hat die Gemeinde bildhaft zum Ausdruck gebracht, wie dies große Entweder-Oder die Predigt Jesu beherrscht, wie neben der Ausschließlichkeit der Forderung Gottes jedes andere Interesse versinkt:

Es geschah, als Jesus so redete, da erhub ein Weib aus dem Volk die Stimme und sagte: Selig der Leib, der dich getragen und die

Brust, die du gesogen! Er aber sprach: In Wahrheit selig sind die, die Gottes Wort hören und bewahren! (Luk 11, 27–28)

Und seine Mutter kam und seine Brüder, und draußen stehenbleibend, ließen sie ihn zu sich herausrufen; es saß nämlich eine Menge um ihn herum. Und man sagte ihm: Deine Mutter und deine Brüder sind draußen und suchen dich! Und er antwortete: Wer ist meine Mutter und meine Brüder? Und er schaute die rings um ihn Sitzenden an und sprach: Siehe da meine Mutter und meine Brüder! Jeder, der den Willen Gottes tut, der ist mir Bruder und Schwester und Mutter! (Mark 3, 31–35).

Die Gottesherrschaft

Was aber bedeutet nun »Gottesherrschaft«? Was soll man sich darunter vorstellen? Die Antwort ist zunächst einfach: Die Gottesherrschaft ist das Heil für den Menschen, und zwar das eschatologische Heil, das allem irdischen Wesen ein Ende macht. Dies Heil ist das einzige Heil, von dem man reden kann; eben deshalb fordert es vom Menschen die Entscheidung, ist nicht etwas, das man neben andern Gütern besitzen, um das man sich neben anderen Interessen bemühen kann. Dies Heil steht vor dem Menschen als ein Entweder-Oder.

Deshalb hat es keinen Sinn, die Gottesherrschaft als »höchstes Gut« zu bezeichnen, wenn dabei an einen krönenden Abschluß alles dessen gedacht wird, was Menschen als Güter bezeichnen könnten. Und es wäre auch die Distanz der Gottesherrschaft von allen anderen Gütern dann noch falsch gesehen, wenn man meinte, als »höchstes Gut« entwerte sie natürlich alle anderen Güter, indem sie sie zu relativen und höchst relativen mache. Ein »höchstes Gut« bleibt immer noch selbst im Zusammenhang mit dem Relativen. Die Gottesherrschaft als eschatologisches unweltliches Heil ist allen relativen innerweltlichen Gütern diametral entgegengesetzt, – vorausgesetzt, daß der Gedanke des Eschatologischen wirklich radikal gedacht ist, und dies wird freilich noch zu erwägen sein.

Jedenfalls aber ist schon jetzt deutlich, daß die Gottesherrschaft nicht ein »höchstes Gut« im Sinne der Ethik ist. Sie ist kein Gut, auf das menschliches Wollen und Handeln sich richtet, keine Größe, die in irgendeinem Sinne durch menschliches Verhalten verwirklicht wird, die in irgendeinem Sinne der Menschen bedürfte, um zu ihrer Existenz zu kommen. Sie ist als eschatologische eine schlechthin unweltliche Größe. Aller Ungeduld gegenüber, die die Gottesherrschaft herbeiführen möchte, ist das Gleichnis gesprochen:

So ist die Gottesherrschaft, wie wenn einer Samen aufs Land wirft. Er schläft und steht auf im Wechsel von Nacht und Tag, und der Same sprießt und geht in die Höhe, er weiß nicht wie. Von selbst trägt die Erde Frucht, erst Halm, dann Ähre, dann reifen Weizen in der Ähre. Wenn die Frucht es gestattet, so sendet er die Schnitter, denn die Ernte ist da (Mark 4, 26–29).

Man darf nur nicht ein solches Gleichnis mit den modernen Vorstellungen von »Natur« und »Entwicklung« lesen. Das Gleichnis setzt gerade voraus, daß Wachstum und Reifen der Saat nicht etwas »Natürliches«, für den Menschen Verfügbares ist, sondern daß es etwas Wunderbares ist: so wunderbar, wie ohne des Menschen Zutun und Verstehen die Saat aufgeht und zur Reife wächst, so wunderbar ist das Kommen der Gottesherrschaft. Um zu lernen, wie man sich das moderne Sehen abgewöhnen muß, damit man einen solchen Text im Sinne des Urchristentums versteht, vergegenwärtige man sich ein ganz paralleles Gleichnis der urchristlichen Überlieferung, das uns der erste Klemensbrief (vom Ende des 1. Jahrhunderts) erhalten hat, und dem er die Deutung hinzufügt. Das Gleichnis soll zeigen, wie sicher das göttliche Gericht kommt.

O ihr Toren, vergleicht euch einem Baum, z. B. einem Weinstock! Zuerst wirft er die alten Blätter ab, dann entstehen junge Triebe, dann Blätter, dann Blüten, darauf die Herlinge, dann ist die reife Traube da. Ihr seht, wie schnell die Baumfrucht zur Reife gelangt. Wahrhaftig, rasch und plötzlich wird Gottes Ratschluß zur Vollendung kommen, wie auch die Schrift bezeugt: Rasch wird er kommen und wird nicht zögern, plötzlich wird kommen der Herr zu seinem Tempel und der Heilige, den ihr erwartet.

Die Gottesherrschaft ist also etwas Wunderbares, und zwar das »Wunderbare« schlechthin, das allem Jetzigen und Hiesigen Entgegengesetzte, »Ganz andere«, Himmlische (R. Otto). Wer nach ihr trachtet, der muß wissen, daß er damit einen Schnitt zwischen sich und der Welt macht, sonst gehört er zu denen, die nicht taugen, die die Hand an den Pflug legen und rückwärts schauen. Legenden sind die Geschichten von der Berufung der ersten Jünger (Mark 1, 16 bis 20; 2, 14), und man versteht sie nicht, wenn man in ihnen nach einem geschichtlichen Kern sucht, indem man das Verhalten der Berufenen psychologisch zu deuten versucht. Aber diese Legenden sind geschichtliche Zeugnisse für den Sinn der Botschaft Jesu von der Gottesherrschaft, die den Menschen aus seinem Berufsleben, aus seinen sozialen Verhältnissen radikal herausreißt und die Toten ihre

Toten begraben heißt. Als »die Heiligen« bezeichnet sich alsbald die Gemeinschaft der Jesusjünger, als die, die aus der hiesigen Welt herausgehoben sind und ihre Existenz im Jenseits haben.

Wenn auch in bildlicher Redewendung oft vom »Eingehen« in die Gottesherrschaft die Rede ist, so darf man sich deshalb die Gottesherrschaft nicht vorstellen als eine Größe, die in einer weltlich-geschichtlichen Gemeinschaft verwirklicht sein oder werden könnte. Wohl kann man das griechische bzw. das ihm zugrunde liegende aramäische Wort auch als »Gottesreich« übersetzen, indessen ist das gefährlich. Denn alle modernen Vorstellungen von Bürgern und Gliedern des Reiches, von »Reichsgenossen« und dergleichen sind ganz falsch. Das »Gottesreich« ist nicht eine in der menschlichen Geschichte sich verwirklichende Größe; von seiner Gründung, seinem Bau, seiner Vollendung wird nicht geredet und kann nicht geredet werden, nur von seinem »Nahen«, seinem »Kommen«, seinem »Erscheinen«. Es ist eine übernatürliche, unweltliche Größe; und können Menschen sein Heil »empfangen«, in es »eingehen«, so sind sie es doch nicht, deren Gemeinschaft und deren Wirken das Reich konstituiert, sondern allein Gottes Walten. Wenn die Gleichnisse vom Senfkorn und Sauerteig wirklich ursprünglich auf die Gottesherrschaft gingen, so wollten sie jedenfalls nicht vom »natürlichen« Wachsen der Gottesherrschaft reden, sondern wollten etwa zeigen, wie überwältigend die Gottesherrschaft kommen wird, im Vergleich mit den Vorzeichen ihres Kommens, die im Wirken Jesu vorliegen. Der wunderbare, überweltliche Charakter der Gottesherrschaft ist stets die Voraussetzung.

Aber bleibt es bei dieser eigentlich nur negativen Bestimmung? Was hat man sich unter der Gottesherrschaft vorzustellen? Was für Ereignisse sind gemeint, wenn von ihrem Kommen die Rede ist? Es kann kein Zweifel sein, daß Jesus wie seine Zeitgenossen ein gewaltiges eschatologisches Drama erwartet hat. Dann wird der »Menschensohn« kommen, jene himmlische Messiasgestalt, die in den apokalyptischen Hoffnungen des späten Judentums die alte Messiasgestalt des David-Königs verdrängt, bzw. sich mit ihr verbunden hatte. Dann werden die Toten auferstehen, dann wird Gericht gehalten werden, dann wird für die einen die himmlische Herrlichkeit offenbar werden, während die anderen in das höllische Feuer verbannt werden, wo Heulen und Zähneknirschen sein wird. Den Glauben an all diese dramatischen Ereignisse hat Jesus offenbar mit seinen Zeitgenossen geteilt. Wie in jenem Wort beim letzten Mahl, so redet er auch sonst unbefangen vom Essen und Trinken in der Gottesherrschaft.

Aber es ist bemerkenswert, daß er weder die Höllenstrafen ausmalt noch prächtige Bilder von der himmlischen Herrlichkeit entwirft. Der Ton des Orakelhaften und Geheimnisvollen fehlt den wenigen Zukunftsweissagungen, die man ihm mit einiger Wahrscheinlichkeit zuschreiben kann, völlig. Im Grunde verwirft er alle Vorstellungen, die sich menschliche Phantasie von der Gottesherrschaft machen kann, völlig, wenn er sagt:

Wenn sie von den Toten auferstehen, so freien sie nicht noch werden sie gefreit, sondern sie sind wie die Engel im Himmel (Mark 12, 25), d. h. für den Menschen verbietet es sich, ein Bild von der jenseitigen Existenz zu machen. Jesus lehnt damit die ganze Weisheit der apokalyptischen Spekulation ab, wie er auch das Errechnen des Termins, das Spähen nach den Vorzeichen ablehnt. Heißt es z. B. in einer jüdischen Apokalypse:

Fristet dir der Höchste das Leben, so wirst du das Land
nach drei Zeiten in Verwirrung sehen.
Da wird plötzlich die Sonne bei Nacht scheinen
Und der Mond am Tage.
Von Bäumen wird Blut träufeln;
Steine werden schreien.
Die Völker kommen in Aufruhr,
Die himmlischen Regionen in Verwirrung;
Und zur Herrschaft kommt, den die Erdbewohner nicht
erwarten.
Die Vögel wandern aus;
Das Meer von Sodom bringt Fische hervor
Und brüllt des Nachts mit einer Stimme, die viele nicht
verstehen, aber alle vernehmen.
An vielen Orten tut sich der Abgrund auf,
Und lange Zeit bricht das Feuer hervor.
Da verlassen die wilden Tiere ihr Revier.
Weiber gebären Mißgeburten.
Im süßen Wasser findet sich salziges usw. (4. Esra 6, 4–9),
– so findet sich bei Jesus nichts dergleichen, vielmehr die Abweisung aller solchen Rechnerei: *Die Gottesherrschaft kommt nicht so, daß man sie berechnen kann; und man kann auch nicht sagen: siehe hier oder da; denn siehe, die Gottesherrschaft ist (mit einem Schlage) mitten unter euch!* (Luk 17, 20 u. 21). *Und sagt man zu euch: Siehe*

*hier, siehe da! so geht nicht hin und lauft nicht hinterdrein. Denn wie
der Blitz aufzuckt und von einem Ende am Himmel zum anderen
leuchtet, so wird es mit dem Menschensohn sein an seinem Tage*
(Luk 17, 23 u. 24).

Die eigentliche Bedeutung der »Gottesherrschaft« liegt also für
die Verkündigung Jesu jedenfalls nicht in den dramatischen Ereignissen ihres Kommens und in dem, was sich menschliche Phantasie
über ihren Zustand auszumalen vermag. Sie interessiert ihn als Zustand überhaupt nicht, sondern als das wunderbare Ereignis, das für
den Menschen das große Entweder-Oder bedeutet, das den Menschen in die Entscheidung hineinstellt. Aber der Sinn dieser Entscheidung wird deutlicher, wenn man weiter das Verhältnis der Verkündigung Jesu von der Gottesherrschaft zu den jüdischen eschatologischen Hoffnungen erwägt. Selbstverständlich ist für den Juden
das Heil der Gottesherrschaft als Heil der Juden gedacht. Gottes
Herrschaft ist zugleich des Volkes Herrschaft (Daniel 2, 44; 7, 27).
Auch wo die Hoffnungen die Dimensionen der alten nationalpoliti-
schen Bilder gesprengt haben, wo an Stelle einer Völkerkatastrophe
zugunsten des jüdischen Volkes das Weltgericht Gottes über alle
Menschen getreten ist, wo die sinnlichen und nationalistischen Farben im Bilde der himmlischen Herrlichkeit verblaßt sind, wo man
von der Endzeit das Heil für alle Welt erwartet, ist doch die Vorzugs-
stellung des jüdischen Volkes selbstverständlich. Der Messiaskönig
der Endzeit wird weithin nach dem Bilde des nationalen Davididen
gezeichnet; Jerusalem und sein Tempel sind – auch wenn sie himmlischer Art sein werden – doch auch im Heil der Endzeit Symbole
jüdischen Glanzes. Die Hoffnung auf die Sammlung der zerstreuten
Volksgenossen ins Heilige Land bildet einen festen Bestandteil der
eschatologischen Erwartungen. Und selbstverständlich gehört der
Sturz der Römerherrschaft ebenso notwendig zum Bilde der Hoffnungen.

Von allen diesen Dingen hören wir bei Jesus so gut wie nichts.
Man erhält einen guten Eindruck von der Sachlage, wenn man die
eschatologischen Bitten des jüdischen Achtzehn-Bitten-Gebets mit den
eschatologischen Bitten des im Kreise der Jesus-Jünger üblichen Gebets, des Unser-Vaters, vergleicht. Dort lauten die Bitten:

Sieh auf unsre Not und führ' unsern Streit,
Und erlöse uns um deines Namens willen.
Heile uns, Jahve, unser Gott, vom Schmerz unseres Herzens
Und bringe Heilung unseren Wunden.

Stoß in eine große Posaune zu unsrer Befreiung
Und erhebe Panier zur Sammlung unsrer Verbannten.
Bring zurück unsre Richter wie zuerst,
Und unsre Berater wie am Anfang.
Den Abtrünnigen sei keine Hoffnung,
Und das Königreich der Gewalttat richte eilends zugrunde.

. . . .

Erbarme dich, Jahve, unser Gott, über Jerusalem, deine Stadt,
Und über Zion, die Wohnung deiner Ehre,
Und über das Königreich des Hauses Davids,
Den Messias deiner Gerechtigkeit

Hier heißt es nur:

Vater, geheiligt werde dein Name,
Es komme dein Reich,
Es geschehe dein Wille wie im Himmel so auf Erden.

Das entspricht der Antwort Jesu auf die Frage, ob der Jude dem Cäsar Steuern zahlen soll: *Gebt dem Cäsar, was dem Cäsar gehört, und Gott, was Gott gehört,* d. h. man soll die Frage nach Gott nicht mit politischen Wünschen vermischen (Mark 12, 13–17). Ähnlich, wie er die Bitte, einen Erbstreit zu schlichten, zurückweist: *Mensch, wer hat mich zum Richter oder Erbteiler über euch bestellt!* (Luk 12, 13 u. 14).

Wird hier zweifellos ein Unterschied zwischen Jesu eschatologischer Erwartung und den populären jüdischen Hoffnungen sichtbar, so darf man weder diesen Unterschied überspannen noch ihn, wie das üblich ist, mißverstehen. Daß nämlich für Jesus die nationale Beziehung der Gottesherrschaft zurücktritt, bedeutet nicht, daß er einen Universalismus vertreten habe. Auch das war ihm mit seinen Zeitgenossen selbstverständlich, daß die Gottesherrschaft für das jüdische Volk kommen werde. Unter den von ihm überlieferten Worten sind solche, in denen die Gottesherrschaft zugleich die Herrschaft der Frommen ist, die getröstet werden: *Fürchte dich nicht, du kleine Herde, denn euer Vater hat beschlossen, euch die Herrschaft zu geben* (Luk 12, 32; vgl. Daniel 7, 27). Und in verschiedener Form ist ein Wort erhalten, in dem den »Zwölfen« als den Repräsentanten der zwölf Stämme des heiligen Volkes das Herrscheramt in der messianischen Zeit verheißen wird (Matth 19, 28; Luk 22, 29 und 30). Echte Jesusworte sind das wohl auf keinen Fall; sie spiegeln die Hoffnung der ersten Gemeinde, in der die »Zwölf« wahrscheinlich erst erwählt wurden, wider. Aber diese erste Gemeinde zeigt eben deutlich, daß Jesu Verkündigung sich nicht über die Grenzen des jüdischen Volkes hinaus richtete; an Mission unter den Heiden hat er nie gedacht. Erst unter schwierigen Konflikten ist es in der Urgemeinde zur Heidenmission gekommen, und dabei war es zunächst selbstverständlich, daß solche Mission gedacht war als Gewinnung für das auserwählte Volk, für die jüdische messianische Gemeinde. Der Heide, der zu den Auserwählten der Endzeit gehören wollte, mußte sich beschneiden lassen und das jüdische Gesetz halten.

Aus diesen Vorgängen stammen einige Jesus in den Mund gelegte Worte:

> Nehmt nicht den Weg zu den Heiden
> Und betretet keine Stadt der Samariter!
> Geht vielmehr zu den verirrten Schafen vom Hause Israel!
>
> (Matth 10, 5 u. 6).

Und naiv spricht die selbstverständliche Beschränkung der Predigt auf die Juden aus dem Wort: *Wenn man euch in der einen Stadt verfolgen wird, so flieht in die andere. Wahrlich ich sage euch, ihr werdet nicht zu Ende kommen mit den Städten Israels, bis der Menschensohn gekommen ist* (Matth 10, 23). Aus der Zeit des Streitens um die Heidenbekehrung stammen die Geschichten vom Centurio in Kapernaum und von der Phönikierin (Matth 8, 5–13 ohne V. 11 u. 12; Mark 7, 24–30). Sie zeigen, daß es Ausnahmen unter den Heiden gibt, die des Heils würdig sind.

Nicht unmöglich ist, daß das Wort auf Jesus selbst zurückgeht: *Es wird Heulen und Zähneknirschen sein, wenn ihr seht, wie Abraham, Isaak und Jakob und die Propheten alle in der Gottesherrschaft sind und ihr hinausgeworfen werdet. Kommen werden sie von Morgen und Abend, von Norden und Süden und werden zu Tisch sitzen in der Gottesherrschaft* (Luk 13, 28 u. 29; vgl. Matth 8, 11 u. 12). Sind hier mit denen, die von allen Himmelsrichtungen kommen werden zur Beschämung der Zeitgenossen Jesu, wirklich Heiden gemeint und nicht Juden aus der Zerstreuung, so ist doch wiederum naiv vorausgesetzt, daß das auserwählte Volk mit seinen Heroen den Mittelpunkt in der Gottesherrschaft bildet, zu dem dann auch nach alter prophetischer Weissagung die Heiden zusammenströmen (vgl. Jesaja 2, 1–3; 59, 19). Es ist weder gesagt, daß *statt* der Juden die Heiden kommen werden, noch daß *wie* die Juden auch die Heiden kommen werden; sondern es ist gesagt, daß (viele) Heiden kommen werden zur Beschämung der Juden. Und außerdem bedeutet das Kommen der Heiden nicht den Anschluß an die geschichtlich-empirische Gemeinde auf Grund der Predigt, sondern es ist ein wunderbares eschatologisches Geschehen. Aber das Bedeutsamste an diesem Worte ist das Negative: werden einst viele Heiden die unbußfertigen Zeitgenossen beschämen, so ist damit gesagt, daß die Zugehörigkeit zur jüdischen Nation noch keinen Anspruch auf die Teilnahme an der Gottesherrschaft begründet. Und eben dies ist für Jesu Auffassung von der Gottesherrschaft – wie wahrscheinlich auch für die des Täufers Johannes – das Charakteristische: der Jude als solcher hat keinen Anspruch vor Gott. Dem entspricht Jesu Predigt als der Ruf zur Entscheidung und zur Buße. Dem entspricht es, daß Jesus auch sonst die Stellung eines Samariters als beschämend für den echten Juden hinstellen kann (Luk 10, 29–37).

Universalismus und Individualismus?
Dualismus und Pessimismus?

Das bedeutet aber nicht, daß Jesus universalistisch denke. Sowenig wie der Jude, sowenig hat der Mensch als solcher einen Anspruch. Es liegt Jesus ganz fern, den Menschen im humanistischen Sinne zu sehen, als trage er in seiner Anlage oder durch seine Bestimmung zur Verwirklichung eines Ideals eine Göttlichkeit oder Gottverwandtschaft in sich. So ist ihm der humanistische Begriff des Universalismus gänzlich fremd. Wäre die Gottesherrschaft universalistisch gedacht, so wäre damit ein Anspruch des Menschen Gott gegenüber begründet. Aber eben diesen gibt es nicht. Wohl mag man sagen, daß eine Spannung besteht zwischen der Tendenz des an das Volk gerichteten Bußrufs, der die Ansprüche der Nation als solcher verwirft, und zwischen der selbstverständlichen Beschränkung der Predigt auf das jüdische Volk. Es kommt darin eben deutlich zum Ausdruck, daß für Jesus der Mensch und die Gottesherrschaft nicht im Sinn eines humanistischen Menschen- und Menschheitsideals gesehen ist, daß nicht der Mensch als solcher für die Gottesherrschaft bestimmt ist. Wie das Gottesreich eine wunderbare, eschatologische Größe ist, so sind die, die für sie bestimmt sind, nicht kraft ihres Menschentums dafür bestimmt, sondern weil sie von Gott berufen sind. Berufen ist zunächst das jüdische Volk, und die Beziehung der Gottesherrschaft auf das jüdische Volk bringt aufs deutlichste zum Ausdruck, wie wenig die Gottesherrschaft universalistisch gedacht ist, wie sehr jeder Anspruch Gott gegenüber verschwindet; denn die Berufung des Volkes beruht ja ganz auf Gottes Erwählung. Und eine nationalistische Mißdeutung wird dadurch abgewiesen, daß sich an dieses Volk der Bußruf richtet, der jeden Anspruch, jede Berufung des einzelnen darauf, daß er zum erwählten Volke gehöre, abweist.

Damit ist ebenso jeder humanistische Individualismus abgelehnt. Nicht der einzelne, sondern die Gemeinde ist berufen, ihr gilt die Verheißung. Nicht der einzelne gelangt in der Gottesherrschaft zur Verwirklichung der in ihm angelegten Bestimmung, zur Ausbildung seiner Persönlichkeit oder zur Glückseligkeit. Daß Gott seine Herrschaft erscheinen läßt, daß *sein* Wille geschieht, daß die Verheißung an die Gemeinde erfüllt wird, das bedeutet die Verwirklichung der Gottesherrschaft. So gelangt freilich auch der einzelne zum Heil, aber als einer, der in die Gemeinde der Endzeit berufen ist, nicht als »Persönlichkeit«. Auch hier ist durch den Bußruf der Gedanke vor dem Mißverständnis gesichert, als könne sich einer auf seine Berufung verlassen oder müsse an seiner Berufung verzweifeln. Durch den Bußruf ist er zur Entscheidung herausgefordert, und an seiner Entscheidung wird es sich zeigen, ob er zu den Auserwählten gehört oder zu den Verworfenen.

Endlich ist damit auch jeder Individualismus einer Seelenpflege, jede Mystik abgelehnt. Zur Entscheidung ruft Jesus, nicht zur Innerlichkeit. Er verheißt weder Ekstasen noch Seelenfrieden, und die Gottesherrschaft ist nicht der Inbegriff geheimnisvoller Schauer und mystischer Wonnen. Hier ist gerade die Naivität, mit der von dem Zutischesitzen mit Abraham, Isaak und Jakob geredet wird, bezeichnend. Jesus sieht den Menschen nicht im Sinne des anthropologischen Dualismus der hellenistischen Mystik; d. h. er redet nicht von der Tragik des Menschen, von der Bindung der göttlichen Seele in den irdischen Körper, von ihrer Reinigung und Befreiung, sei es durch kultische Mittel, sei es durch Betrachtung, Andacht und Versenkung. Die Gottesherrschaft ist nicht eine geistige Macht oder Sphäre, der das Höchste im Menschen wesensverwandt wäre und in die die Seele in geistigen Erlebnissen eingeht. Jede Erlebnisfrömmigkeit ist ihm gänzlich fremd. Mit alledem wäre ja wieder ein Anspruch des Menschen auf Gott begründet, und seine Haltung Gott gegenüber wäre ein Sichemporheben zum Göttlichen. Jesus kennt Gott gegenüber nur die Haltung des Gehorsams. Da er den Menschen in der Entscheidung sieht, so liegt für ihn das Wesen des Menschen im Willen, in der freien Tat, und demgegenüber hat die dualistische Anthropologie, die zwei Wesenheiten im Menschen wirksam sieht, Fleisch und Geist, keinen Sinn. Denn in den Willen, in die

Tat ist die Existenz des Menschen als einheitliche, ganze gelegt; die Reflexion auf den Gegensatz von Geist und Fleisch liegt gänzlich fern. Nicht die Sinnlichkeit des Menschen ist das Schlechte in ihm, sondern der ganze Mensch ist schlecht, wenn sein Wille schlecht ist.

Deshalb ist auch die Gottesherrschaft nicht unter der Fragestellung eines metaphysischen oder kosmologischen Dualismus zu verstehen. Die gegenwärtige Welt wird nicht im Sinne eines dualistischen Pessimismus abgewertet. Wieweit die bekannten Worte von den Lilien auf dem Felde und den Vögeln unter dem Himmel und ähnliche, die ganz den kindlichen Vorsehungsglauben der jüdischen und überhaupt orientalischen Spruchweisheit enthalten, wirklich von Jesus gesprochen sind, läßt sich nicht mehr feststellen. Daß man ihn dem Asketen Johannes als den Fresser und Trinker gegenübergestellt hat (Matth 11, 18. 19), ist jedenfalls alte Überlieferung. Kein Wort der Klage über die Schlechtigkeit der Welt, daß es besser wäre, nie geboren zu sein, daß das Vieh besser daran ist als der Mensch, wie sie die jüdischen Apokalypsen enthalten, beherrscht die Predigt Jesu. [Ein Wort dieser Art ist zwar in die evangelische Überlieferung eingedrungen:

> *Die Füchse haben ihre Gruben und die Vögel des Himmels*
>   *ihre Nester,*
> *Aber der Mensch hat nicht, wo er sein Haupt niederlege.*
>
> (Matth 8, 20)

Aber dies Wort verdankt seine Aufnahme unter die Worte Jesu nur dem Mißverständnis, daß man das »Mensch« des Spruches als »Menschensohn« verstand und deshalb hier eine Aussage Jesu über sich selbst zu finden meinte.] Nicht die Welt ist schlecht, aber die Menschen sind schlecht, aber wiederum nicht so, als ob kraft seiner minderwertigen Natur das Menschengeschlecht als solches schlecht wäre. Nein, wie es gute und schlechte Bäume gibt, so gibt es gute und schlechte Menschen; wie das Samenkorn auf guten und auf schlechten Boden fällt, so trifft das Wort der Verkündigung auf gute und auf böse Herzen. Es gibt Gesunde und Kranke, Gerechte und Ungerechte. Keine dualistische Theorie, aber die Energie der Forderung führt zu der Einsicht, daß der Wille der Menschen in der Regel böse ist, daß zum mindesten vor Gott keiner gut genannt werden kann (Matth 7, 11; Mark 10, 18). Aber der böse Wille macht den Schlechten schlecht, den Geizigen hartherzig, den Frommen hochmütig. Allen gilt der Bußruf, und keiner hat vor dem anderen etwas voraus und kann auf ihn herabblicken. Als ihm erzählt wird von den Galiläern, die Pilatus hat niedermachen lassen, ruft er:

Meint ihr, daß diese Galiläer besondere Sünder gewesen sind, weil ihnen dies widerfahren ist? Nein, sage ich euch! Sondern wenn ihr nicht Buße tut, werdet ihr alle ebenso umkommen! Oder meint ihr, jene achtzehn, auf die der Turm von Siloam fiel und sie erschlug, seien schuldiger gewesen als die anderen Leute in Jerusalem? Nein, sage ich euch! Sondern wenn ihr nicht Buße tut, werdet ihr alle ebenso umkommen! (Luk 13, 2–5).

Was also schlecht ist in der Welt, ist der böse Wille der Menschen. Und dem entspricht es, daß das Jenseits der Gottesherrschaft nicht als eine allgemeine metaphysische Qualität gedacht ist, als eine feinere, höhere, geistigere Natur gegenüber der irdischen Natur. Der Begriff »Natur« spielt hier keine Rolle, und die Frage wäre also verkehrt, inwiefern die jetzige irdische Natur durch die kommende Gottesherrschaft verändert oder ersetzt werde. Wie die jetzige Welt selbstverständlich als Gottes Schöpfung gilt, so wird auch die kommende Welt seine Schöpfung sein. Und anders denn als die gottgegebene Welt, in der der Mensch Gottes Gaben empfängt und sich als gehorsam unter Gottes Willen zu erweisen hat, kommt die »Natur« für Jesus gar nicht in den Blick. Deshalb kann für ihn die Gottesherrschaft auch nicht den Sinn einer bunten Phantasiewelt gewinnen, in die sich das Individuum zu seiner Beruhigung flüchten kann als in eine Situation der Verantwortungslosigkeit.

Zukunft und Gegenwart. Die Situation der Entscheidung

Die Zukunft der Gottesherrschaft ist dann auch nicht eigentlich ein Etwas, das einmal kommt im Ablauf der Zeit, für das man – etwa durch Bußgebete und gute Werke – etwas Besonderes tun kann, was im Momente ihrer Gegenwart überflüssig wird. Vielmehr ist die Gottesherrschaft eine Macht, die die Gegenwart völlig bestimmt, obwohl sie ganz Zukunft ist. Sie bestimmt die Gegenwart dadurch, daß sie den Menschen in die Entscheidung zwingt; er ist so oder so, als Erwählter oder als Verworfener, in seiner ganzen gegenwärtigen Existenz durch sie bestimmt. Zukunft und Gegenwart sind also weder so ausgeglichen, daß die Gottesherrschaft als geschichtliche Größe in der Gegenwart begönne und in der Zukunft ihre Vollendung erführe; noch so, daß ein innerlicher, geistiger Besitz an persönlichen Qualitäten oder seelischen Zuständen ein gegenwärtiges

Ergreifen der Gottesherrschaft wäre, dem nur noch die künftige Vollendung fehlte. Sondern die Gottesherrschaft ist echte Zukunft, weil sie nicht eine metaphysische Wesenheit, ein Zustand, sondern das künftige Handeln Gottes ist, das in keinem Sinn eine gegenwärtige Gegebenheit sein kann. Aber dennoch bestimmt diese Zukunft den Menschen in seiner Gegenwart und ist eben deshalb echte Zukunft, nicht ein Irgendwo und Irgendwann, sondern das auf den Menschen Zukommende, das ihn in die Entscheidung stellt. Das Ereignis des Kommens der Gottesherrschaft ist deshalb nicht eigentlich ein Ereignis im Ablauf der Zeit, das einmal kommt, zu dem man allenfalls Stellung nehmen kann und zu dem man sich auch neutral stellen kann. Sondern ehe man Stellung nimmt, ist man bereits gezeichnet, und nur darum kann es sich handeln, daß der Mensch dies als sein eigentliches Wesen erfasse, in der Entscheidung zu stehen. Weil Jesus den Menschen so sieht als den in der Entscheidung vor Gottes Handeln Stehenden, deshalb wird begreiflich, daß in ihm jene jüdische Hoffnung in der sicheren Gewißheit auftritt, daß jetzt die Stunde des Hereinbrechens der Gottesherrschaft gekommen ist. Steht der Mensch in der Entscheidung und charakterisiert ihn eben dies wesentlich als Menschen, so ist ja immer letzte Stunde, und es ist begreiflich, daß für Jesus die ganze zeitgeschichtliche Mythologie in den Dienst dieser Erfassung der menschlichen Existenz trat und er in ihrem Lichte seine Stunde als die letzte erfaßte und verkündigte.

Für die heutige Auffassung vom Menschen ist diese Botschaft von der Gottesherrschaft befremdend. Wir sind gewohnt, den Menschen als ein Individuum der Gattung »Mensch« anzusehen, ausgestattet mit bestimmten Anlagen, deren Entwicklung das Menschheitsideal in ihm zur Verwirklichung bringt, freilich individuell in jedem einzelnen geformt. Als »Charakter« oder als »Persönlichkeit« erreicht der Mensch seine Bestimmung. Harmonische Ausbildung aller Kräfte, je nach der individuellen Begabung des einzelnen, ist der Weg zu diesem Ideal. Vielleicht wird kein Mensch diesen Weg bis zu Ende gehen, aber daß er auf diesem Wege geht und das Ideal mehr und mehr verwirklicht, das rechtfertigt den Menschen. Wir sind gewohnt, körperlich-sinnliches und geistig-seelisches Leben zu unterscheiden. Und wenn uns auch der Zusammenhang beider selbstverständlich ist und die allseitige Ausbildung das schöne Ziel ist, so ist doch der Geist der Führer und das Leben der Seele, das Erleben, der eigentliche Sinn menschlicher Existenz.

All das ist der Verkündigung Jesu gänzlich fremd. Es fehlt ihr jeder Begriff eines menschlichen Ideals, jeder Gedanke einer Entwicklung menschlicher Anlagen, jede Vorstellung eines Wertvollen im Menschen als solchen, jeder moderne Begriff der Seele. Von der »Seele« in unserem Sinne und von ihrem Leben oder Erleben ist bei Jesus überhaupt nicht die Rede. Das Wort, das in deutschen Übersetzungen von Jesusworten mit »Seele« wiedergegeben wird, bedeutet in der Regel einfach »Leben«. So in dem berühmten Wort:

Was hülfe es dem Menschen, wenn er die ganze Welt gewönne und seine Seele verlöre? (Mark 8, 36).

Der Sinn der Worte ist einfach: was helfen dem Menschen alle Güter der Welt, wenn er sterben muß. Die Gier des Menschen nach Besitz und Genuß wird durch dieses Wort ebenso lächerlich gemacht wie durch die Geschichte vom reichen Kornbauern (Luk 12, 16–20):

Es war ein reicher Mann, dessen Land hatte gut getragen. Und er überlegte bei sich: Was soll ich tun; ich habe keinen Platz, meine Früchte einzubringen! Und er sprach: Das will ich tun; ich breche meine Scheuern ab und baue größere, und da will ich all mein Gewächs einbringen. Und dann sage ich zu meiner Seele (d. h. einfach zu mir): Seele, du hast viele Güter liegen für viele Jahre; gönne dir Ruhe, iß und trink und sei guter Dinge! Gott aber sprach zu ihm: Du Tor, in dieser Nacht wird deine Seele (d. h. dein Leben) von dir abgefordert, und wem wird dann dein Vorrat gehören?

Jene moderne Vorstellung unterscheidet sich von der Jesu deshalb grundsätzlich, weil in ihr der Eigenwert des Menschlichen, sei es auch des Höchsten und Edelsten in ihm, vorausgesetzt wird. Man pflegt ja sogar das Höchste im Menschen unmittelbar als etwas Göttliches zu bezeichnen. Im Gegensatz dazu ist der Wert des Menschen für Jesus nicht durch irgendeine gegebene menschliche Qualität oder den Gehalt seines Seelenlebens bestimmt, sondern allein dadurch, wie der Mensch sich im Hier und Jetzt seiner Existenz entscheidet. Jesus sieht also den Menschen als in seinem Hier und Jetzt in der Entscheidung stehend mit der Möglichkeit der Entscheidung durch seine freie Tat. Nur dies, was der Mensch jetzt tut, gibt ihm seinen Wert. Und diese Situation der Entscheidung erwächst für den Menschen daraus, daß auf ihn die Zukunft der Gottesherrschaft trifft. Es ist also ähnlich, wie wenn jemand das Wesen des Menschen dadurch charakterisiert sieht, daß ihm Schicksal und Tod verhängt sind, und wie er sich dadurch bestimmen läßt. Und in der Tat sind Gottesherrschaft und Tod insofern zu vergleichen, als auch die Gottesherrschaft das Ende der irdischen menschlichen Existenz, so wie wir sie allein kennen mit ihren Möglichkeiten und Interessen, bedeutet. Und in der Tat läßt sich sagen, daß der Tod ebenso wie die Gottesherrschaft nicht für den Menschen in Betracht kommt als ein zufälliges Ereignis, das einmal dem alltäglichen Lauf des Lebens ein Ende macht, sondern als die echte Zukunft, die jedem Menschen begegnet und ihn dadurch in seiner Gegenwart bestimmt und in die Situation der Entscheidung stellt. Also nicht vom Standpunkt des Menschen aus wird das Urteil über den Menschen gefällt, so daß sein Wert dem Menschen irgendwie immanent und verfügbar wäre, sondern von außen her, für Jesus von Gott her. Dabei unterscheidet sich aber die Zukunft der Gottesherrschaft von der Zukunft des Todes dadurch, daß der Tod das Dunkle, Schweigende ist, während die Gottesherrschaft für den Menschen ein bestimmtes Wort ist. Das zeigt sich darin, daß es für den Menschen, wenn er die Entscheidung, in die er durch die Zukunft des Todes gestellt ist, ergreifen soll, offenbar nur einen negativen Sinn haben kann, nämlich den, sich in der Gegenwart seines Lebens als ein Sterbender, ein Fremder zu bewegen. Dagegen bedeutet die Entscheidung, in die der Mensch durch die Zukunft der Gottesherrschaft gestellt ist, zugleich ein Positives, nämlich in der Gegenwart seines Lebens nach dem Willen Gottes zu handeln. Und welchen positiven Sinn es für den Menschen hat, den Willen Gottes zu tun, das ist des weiteren an der Hand der Verkündigung Jesu zu erörtern.

Vorher muß noch einmal betont werden, daß die eschatologische Botschaft Jesu, die Verkündigung vom Kommen der Gottesherrschaft und der Ruf zur Buße, nur verstanden werden kann, wenn man sich besinnt, welche Auffassung vom Menschen ihr letztlich zugrunde liegt; und daß sie nur Sinn gewinnen kann für den, der bereit ist, die ihm geläufige Menschen-, d. h. Selbstauffassung, in Frage zu stellen und zu messen an der ihm hier entgegentretenden Deutung der menschlichen Existenz. Es versteht sich dann von selbst, daß man den Blick nicht auf die zeitgeschichtliche Mythologie richten darf, in der das, was eigentlich in Jesu Verkündigung gemeint ist, seinen äußeren Ausdruck findet. Diese Mythologie gleitet schließlich ab von der großen Grundanschauung, die sie verhüllt, von Jesu Auffassung vom Menschen als in die Entscheidung gestellt durch Gottes zukünftiges Handeln. Zur Mythologie gehört auch die Erwartung des in der Zeit bevorstehenden Weltendes, die Erwartung, die in der zeitgeschichtlichen Situation Jesu verständlich ist als der Ausdruck der Überzeugung, daß eben im Jetzt der Mensch in der Entscheidung stehe, daß das Jetzt für ihn die letzte Stunde bedeute. Zur Mythologie gehören die Vorstellungen vom Satan, der jetzt noch Gottes Regiment entgegenstrebt. Ist es richtig, daß für Jesus im Grunde die Welt nur insofern schlecht genannt werden kann, als die Menschen schlecht, d. h. bösen Willens sind, so ist klar, wie wenig die Satansvorstellung im Grunde für ihn bedeutet.

Es ist endlich auch klar, warum Jesus nicht eine Beschreibung der Gottesherrschaft geben kann. Eine solche würde sich ja nur geben lassen, indem die Ansprüche und Ideale des Menschen oder seine seelischen Erlebnisse in ein Jenseits projiziert würden. Und damit würde dem Jenseits ja sein eigentlicher Charakter genommen, die Gottesherrschaft wäre ein menschliches Wunsch- und Phantasiegebilde und nicht die Herrschaft Gottes. Daß aber die Gottesherrschaft nicht ein dunkles und schweigendes Etwas ist, nicht ein Unbekanntes, dessen Beziehung zum Menschen nur durch eine Spekulation begründet wäre, das muß sich darin zeigen, daß der Wille Gottes für den Menschen ein verständlicher Begriff ist; was bedeutet er?

Jesu Verkündigung: Der Wille Gottes

Jesus als Rabbi

Wir beginnen auch hier, indem wir von der Peripherie zum Zentrum vorzudringen suchen, d. h. wir beginnen damit, daß wir das Bild der sittlichen Verkündigung Jesu so zu zeichnen versuchen, wie es im Rahmen der zeitgeschichtlichen Verhältnisse zunächst erscheint.

Würde man das Auftreten Jesu nur auf Grund seiner eschatologischen Verkündigung charakterisieren, so würde man ihn als Propheten bezeichnen, wie der Täufer genannt wurde (Mark 11, 32; Matth 11, 9). In der Tat wird auch Jesus mehrfach als Prophet bezeichnet, wenn auch seine Gemeinde, die ihn für den Messias hielt, das als einen zu geringen Titel ansah (Mark 8, 28; Matth 21, 11. 46; Luk 7, 16. 39; 13, 33; 24, 19; vgl. Matth 12, 39). Aber daneben findet sich in der Überlieferung eine andere Bezeichnung für Jesus; er wird als »Rabbi« angeredet (Mark 9, 5; 10, 51; 11, 21; 14, 45). Dieser Titel, der von den griechischen Evangelisten fast ganz durch die übliche griechische Anrede »Herr« ersetzt worden ist, bezeichnet Jesus als Angehörigen des Schriftgelehrtenstandes. Und er besagt, wenn man ihn ernst nehmen darf, daß Jesus zum Stande der Schriftgelehrten gehörte, daß er eine zunftgemäße Ausbildung erfahren und die vorgeschriebenen Prüfungen absolviert hatte. Wenn wir auch nicht sicher wissen, wie weit die Formen des schriftgelehrten Studiums, die wir aus der rabbinischen Literatur kennen, zur Zeit Jesu schon fest geregelt waren, und wenn wir vielleicht auch annehmen müssen, daß sie damals noch lockerer waren als etwa hundert Jahre später, so ist es doch nicht erlaubt, Jesu Bezeichnung als Rabbi zu ignorieren. Er wird durch diesen Titel gleichsam als »Herr Doktor« angeredet, und das mutet uns zunächst seltsam an, zumal wenn man aus seiner eschatologischen Botschaft den Eindruck des Propheten gewonnen hat. Ist es vielleicht so, daß dieser Prophet aus dem Schriftgelehrtenstande hervorgegangen war? Daß die Predigt des Täufers ihn zunächst aus dem Kreis der Gesetzesbeflissenen herausriß? Daß er dann zum Propheten wurde, der mit Vollmacht redete, anders als die Schriftgelehrten? Wir wissen darüber nichts.

Aber das ist nun deutlich, wenn die evangelische Überlieferung wirklich einigen Glauben verdient, daß Jesus in der Tat als jüdischer Rabbi gewirkt hat. Wie ein solcher tritt er als Lehrer in den Synagogen auf. Wie ein solcher sammelt er einen Kreis von Schülern um sich. Wie ein solcher disputiert er über Fragen des Gesetzes mit Schülern und Gegnern oder mit wißbegierigen Leuten, die sich an ihn, den berühmten Rabbi, wenden. Er disputiert in den gleichen Formen wie jüdische Rabbinen, bedient sich der gleichen Argumentationsweise, der gleichen Form der Rede; wie jene prägt er Sprüche und lehrt in Gleichnissen. Dabei zeigt Jesu Lehre auch im Inhalt viel Verwandtschaft mit der der Rabbinen. Die Frage, welches das höchste Gebot sei (Mark 12, 28–34), wurde auch bei ihnen vielfach erörtert und auch ebenso beantwortet, daß es die Liebe zu Gott und zum Nächsten sei.

Von Rabbinen werden Sprüche überliefert wie die:

Hast du je ein Tier oder einen Vogel ein Gewerbe treiben sehen? Und dennoch nähren sie sich ohne Sorgen. Und sie sind doch geschaffen, mir zu dienen; ich aber ward geschaffen, meinem Schöpfer zu dienen. Da sollte ich mich doch ohne Sorgen nähren können (vgl. Matth 6, 26).

Sorge nicht um die Sorge von morgen; denn du weißt nicht, was der Tag gebiert. Vielleicht bist du morgen nicht mehr, und du hast dich um eine Welt gequält, die dich nichts mehr angeht. Es ist genug an der Not zu ihrer Stunde (vgl. Matth 6, 34).

Mit dem Maße, mit dem der Mensch mißt, mißt man ihm (vgl. Matth 7, 2).

Wenn er anklopft, wird ihm aufgetan werden (vgl. Matth 7, 7).

Wenn schon der Vogel ohne den Willen des Himmels nicht erbeutet wird, um wieviel weniger wir (vgl. Matth 10, 29).

Der Mensch verletzt seinen Finger nicht, es sei denn, daß es im Himmel beschlossen wurde (vgl. Matth 10, 30).

Seid nicht wie Knechte, die dem Herrn dienen unter der Bedingung, daß sie Lohn empfangen; seid vielmehr wie Knechte, die dem Herrn dienen nicht unter der Bedingung, daß sie Lohn empfangen (vgl. Luk 17, 7–10).

Wer reicher ist an Gelehrsamkeit als an guten Handlungen, womit ist der wohl zu vergleichen? Mit einem Baum, dessen Zweige viel, dessen Wurzeln aber wenig sind. Kommt ein Wind, so reißt er ihn aus und stürzt ihn um ... Derjenige aber, dessen Handlungen größer sind als die Gelehrsamkeit, womit ist der zu vergleichen? Mit einem Baum, dessen Zweige wenig, dessen Wurzeln aber viel sind. Wenn auch alle Winde der Welt gegen ihn stürmen, so können sie ihn doch nicht von seiner Stelle rücken (vgl. Matth 7, 24–27).

Ein Mensch, in dem gute Taten sind, und der viel Gesetz lernt, wem ist er gleich? Einem Menschen, der Steine als Fundament baut und darüber Lehmsteine. Auch wenn viel Wasser kommt und an ihre Seite schlägt, wäscht es sie doch nicht weg von ihrem Ort. Und ein Mensch, in dem nicht gute Taten sind und der Gesetz lernt, wem ist er gleich? Einem Menschen, der zuerst Lehmsteine baut und darauf Steine. Auch wenn ein wenig Wasser kommt, so wirft es sie sofort um (vgl. Matth 7, 24–27).

Nimm einen Menschen, der einen Sel'a oder sonst eine Münze verliert in seinem Hause. Er zündet viele Leuchter, viele Dochte an, bis er sie findet. So schließe nun vom Geringeren aufs Größere: Wenn der Mensch schon wegen dieser Dinge, die nur das Leben einer Stunde in dieser Welt gewähren, viele Leuchter anzündet, hast du dann nicht nötig, den Worten des Gesetzes, die das Leben in dieser und der zukünftigen Welt gewähren, nachzuspüren? (vgl. Luk 15, 8 u. 9).

So könnte man lange fortfahren; und in der Tat, solche Beispiele muß man vor Augen haben, um zu sehen, wie Jesus als jüdischer Rabbi gelehrt hat.

Wie es nicht gleichgültig ist, daß er als Rabbi angeredet wird, so auch nicht, daß seine Anhänger (keineswegs nur die Zwölf!) »Schüler« (Jünger) heißen. Auch das ist ein technischer Ausdruck und bezeichnet eben die Schüler eines Rabbi und nicht die Glieder einer religiösen Gemeinschaft. In der christlichen Gemeinde ist dieser Titel als Bezeichnung der Christen bald durch andere (wie »Brüder«, »Heilige«) verdrängt worden. Schon Paulus nennt die Christen nicht mehr Schüler (Jünger), da er sich Jesus nicht mehr als Rabbi vorstellen kann. Nur wo die Evangelien in der Literatur nachwirken, wird der Schülertitel noch eine Weile gebraucht, um dann zu dem kirchlichen Terminus »Jünger« zu erstarren und auf die Zwölf beschränkt zu werden, wie es uns heute geläufig ist.

Es mag, wie gesagt, sein, daß zu Jesu Zeit die Formen des schriftgelehrten Betriebes noch lockerer waren als etwa zwei Generationen später; es mag auch sein, daß Jesus persönlich sich an die Formen weniger band als andere Rabbinen. Man kann darauf hinweisen, daß sich in seiner Umgebung Frauen befunden zu haben scheinen, die man sonst in der Umgebung eines Rabbi nicht findet. Sein Verkehr mit Sündern, Dirnen und Zöllnern, der doch wohl geschichtlich ist, befremdet auch aufs äußerste bei einem Rabbi. Wenn die Überlieferung in diesem Punkt Zutrauen verdient, hatte er auch einen

Blick für die Kinder, und auch das entspricht dem typischen Bilde eines Rabbi nicht. Alles das macht das Bild seines Auftretens komplizierter, man darf wohl sagen: reicher; und bei dem bruchstückhaften Charakter der Quellen können wir das Gesamtbild nicht mehr deutlich sehen. Aber das kann nicht zweifelhaft sein, daß die Züge eines Rabbi im Auftreten und in der Lehrweise Jesu deutlich hervortreten, wenn nicht die Überlieferung das Bild radikal entstellt hat.

Die Autorität der Schrift

Jedenfalls stimmt Jesus mit den Schriftgelehrten seiner Zeit darin überein, daß die Autorität des (alttestamentlichen) Gesetzes für ihn selbstverständlich ist. Als er von dem Reichen gefragt wird: *Was muß ich tun, um das ewige Leben zu erwerben?* antwortet er: *Du kennst die Gebote!* und er zählt die bekannten alttestamentlichen Gebote auf: *Du sollst nicht töten, nicht ehebrechen, nicht stehlen, nicht fälschlich anklagen, nicht vorenthalten; ehre Vater und Mutter* (Mark 10, 17–19). Den Mann, der ihn nach dem höchsten Gebote fragt, verweist er auf zwei Stellen des alttestamentlichen Gesetzes (5. Mose 6, 4 u. 5; 3. Mose 19, 18): *Das allererste ist dies: Höre, Israel, der Herr unser Gott ist der Herr allein, und du sollst den Herrn deinen Gott lieben von ganzem Herzen und von ganzer Seele und von ganzem Gemüt und mit ganzer Kraft. Das zweite ist dies: Du sollst deinen Nächsten lieben wie dich selbst* (Mark 12, 29–31). Als er nach dem Recht der Ehescheidung gefragt wird, beruft er sich wieder auf zwei Gesetzesstellen (1. Mose 1, 27 und 2, 24): *Als Mann und Weib hat er (Gott) sie geschaffen; darum wird ein Mann Vater und Mutter verlassen, und die beiden werden ein Fleisch sein* (Mark 10, 6–8). Ähnlich in anderen Fällen (vgl. Mark 2, 25 u. 26; 12, 26; Matth 9, 13; 12, 7).

Zwar hat man keine Gewähr dafür, daß alle Worte der Evangelien, in denen Jesus Worte der Schrift zitiert, wirklich von ihm gesprochen werden; manche sind ihm sicher erst von der Gemeinde in den Mund gelegt worden; sie wollte damit ihren eigenen Standpunkt rechtfertigen. Aber eben auch das Verhalten der Gemeinde ist sehr charakteristisch; unmöglich hätte sie das treue Festhalten am Gesetz für selbstverständlich ansehen und z. B. Paulus gegenüber verteidigen können, wenn Jesus die Autorität des Gesetzes bekämpft hätte. Jesus hat nicht das Gesetz bekämpft, sondern er hat es, dessen Autorität für ihn selbstverständlich war, erklärt. Daß diese Erklärung den ursprünglichen Sinn des Gesetzes oft sprengte, daß Jesu eigenes Verhalten dem Gesetz gelegentlich widersprach, ist eine andere Sache und steht nicht im Widerspruch damit, daß er meinte, im Gesetz den Willen Gottes zu finden. Erst ziemlich lange nach seinem Tode, als Paulus und andere hellenistische Missionare das gesetzesfreie Evangelium für die Heiden verkündigten, trat das Problem des Gesetzes in den Gesichtskreis der Gemeinde. Erst dann wurde über die Frage nach der Gültigkeit des Gesetzes reflektiert. Und aus dieser Zeit stammen die berühmten Worte, die Jesus nicht wohl gesprochen haben kann: *Meint nicht, ich sei gekommen, das Gesetz und die Propheten aufzulösen. Ich bin nicht gekommen, aufzulösen, sondern zu erfüllen. Wahrlich, ich sage euch: Bis Himmel und Erde vergehen, soll kein Buchstabe und kein Strich vom Gesetze vergehen, bis alles geschieht. Wer also eins von diesen geringsten Geboten auflöst und so die Leute lehrt, der wird der geringste heißen im Reich der Himmel. Wer es aber tut und lehrt, der wird groß heißen im Reich der Himmel* (Matth 5, 17–19).

Soviel aber ist daraus erkenntlich, daß der Gemeinde die Vorstellung ganz fremd war, Jesus habe die Autorität des Gesetzes bekämpft. Ebensowenig wie Jesus dies getan hat, hat er gegen den Kult im Tempel polemisiert. Das Bestehen des Tempelkults und die Beteiligung an den Opferbräuchen ist in dem Worte Matth 5, 23 und 24 vorausgesetzt, und daß seine Gemeinde die Tempelsteuer zahlte, geht aus der Legende vom Geldstück im Fischmaul (Matth 17, 24–27) hervor. Auch die religiösen Bräuche, die bei frommen Juden üblich waren, Almosengeben, Beten und Fasten, hat Jesus nicht bekämpft, sondern nur dagegen protestiert, daß sie um der persönlichen Eitelkeit willen betrieben werden, und verlangt, daß sie in der Stille aus aufrichtigem Herzen getan werden sollen (Matth 6, 1–4. 5–8. 16–18). Auch das Wort: *Können die Hochzeitsleute fasten, wenn der Bräutigam bei ihnen weilt?* (Mark 2, 19), enthält keine grundsätzliche Verwerfung des Fastens, sondern sagt, daß in der jetzt anbrechenden messianischen Freudenzeit das Fasten seinen Sinn verliere. Daß es aber für den Trauernden natürlich ist zu fasten, wird damit nicht bestritten, sondern vorausgesetzt. Die Gleichnisworte vom neuen Flicken auf dem alten Kleid und vom neuen Wein in den alten Schläuchen (Mark 2, 21 u. 22), die der Evangelist hier anfügt, bedeuten vielleicht: in der messianischen Freudenzeit haben die alten Trauerbräuche keinen Sinn mehr; aber ihre ursprüngliche Bedeutung ist nicht mehr sicher zu erkennen (siehe Seite 25).

Die Autorität des Gesetzes hat Jesus vorausgesetzt; seine eigentümliche Stellung zu ihm aber ist nur zu erfassen, wenn man fragt: wie hat er es verstanden? Denn nicht die Übernahme einer autoritativen Größe der Tradition ist für einen Lehrer das Wesentliche, sondern die Art, wie er sie deutet. Und an diesem Punkte zeigt sich der Unterschied Jesu von der jüdischen Gesetzesfrömmigkeit. Die Rabbinen erklärten das Gesetz, Jesus gleichfalls, und hierbei mußte sich Übereinstimmung und Unterschied zeigen.

Die jüdische Gehorsamsethik

Für die jüdische Gesetzesfrömmigkeit gilt natürlich ebenso wie für Jesus, daß nicht ihr Festhalten am Gesetz, sondern ihr Verständnis des Gesetzes für sie charakteristisch ist. Längst hatten auch für sie die mannigfaltigen Gesetze des Alten Testaments ihren ursprünglichen Sinn zum großen Teil verloren. Das zeigt sich schon darin, daß die alttestamentliche Schrift, die Gesetze, die historischen und die prophetischen Bücher für sie eine Einheit waren, daß man den Unterschied der verschiedenen Stufen alttestamentlicher Frömmigkeit und Sittlichkeit gar nicht empfand.

Im Alten Testament liegen die Stufen nationaler und kultischer Sittlichkeit und ihrer Vorschriften aufeinander und durcheinander. Der Standpunkt der nationalen Sittlichkeit zeigt sich in den Aussagen, in denen Gottes Interessen mit denen des Volkes gleichgesetzt werden, wenn z. B. Israels Kriege als Gottes Kriege, Israels Ehre als Gottes Ehre, Israels Land als Gottes Land angesehen werden. Es zeigt sich ebenso in den sozialen Gesetzen, die das Leben des Volkes gesund und kräftig erhalten sollen. Der Standpunkt kultischer Ethik zeigt sich nicht nur in der Gesetzgebung für Tempel und Opfer, sondern auch in all den rituellen Vorschriften, die das Leben des einzelnen belasten. Ihnen liegen die primitiven Vorstellungen von Rein und Unrein zugrunde; es gibt gewisse Dinge und gewisse Vorgänge im natürlichen menschlichen Leben (wie Geburt und Tod), die den Menschen unter den Einfluß geheimnisvoller, dämonischer Kräfte bringen; es gibt Handlungen und Lebensbeziehungen, die erfüllt sind von solchen gefährlichen Kräften oder von ihnen bedroht sind. Für alle solche Fälle bedarf es komplizierter Vorschriften, um den Gefahren, die damit verbunden sind, zu entgehen. Darauf beruhen die Vorschriften über Opfer, über Reinheit und Unreinheit, über Ehe, über die Leichen usw.

Die Gesetze der nationalen Ethik hatten im späteren Judentum unter den ganz veränderten politischen und zum Teil veränderten wirtschaftlichen Bedingungen ihren alten Sinn verloren. Gott war nicht mehr der Gott des Heiligen Landes, sondern der Herr der Welt. Die Vorschriften über Kultus und Ritus wurden in ihrem ursprünglichen Sinne nicht mehr verstanden. Aber alle alten Vorschriften wurden mitgeschleppt; sie waren durch die Autorität der Schrift geheiligt, und sie galten als autoritativ, weil sie von Gott geboten waren. Nicht mehr auf ihren Inhalt kam es an, sondern auf die formale Autorität; nicht, *was* geboten war, bestimmte den Willen des Handelnden, sondern *daß* dies und das geboten war. Man konnte das ertragen, weil das Alte Testament neben jenen nationalen und kultisch-rituellen Forderungen ja auch eine Fülle allgemeiner ethischer Gebote enthielt für das sich stets gleichbleibende Verhältnis von Mensch zu Mensch, für Lebensverhältnisse, die sich in allen Zeiten wesentlich gleich bleiben. So fand das Urteil des sittlichen Gewissens in Geboten, wie sie sich unter den berühmten »Zehn Geboten« finden, oder in den Predigten der Propheten mit ihrer Forderung von Recht und Gerechtigkeit, allgemeingültige Weisungen, die nicht nur um der formalen Autorität willen befolgt wurden, sondern weil sie als sittliche Gebote dem Gewissen einsichtig sind.

Man kann jedoch nicht sagen, daß die Frömmigkeit des späteren Judentums durch die prophetische Predigt bestimmt gewesen sei. Denn es ist eben das Eigentümliche, daß um der formalen Autorität der Schrift willen alle ihre Vorschriften für verbindlich angesehen wurden. Man half sich auch im palästinensischen Judentum nicht etwa damit, daß man die Menge der unverständlichen und unbrauchbaren Gebote allegorisch umdeutete und so einen verständlichen, moralischen Sinn in ihnen fand. Diesen Weg schlug man nur im hellenistischen Judentum unter dem Einfluß griechischen Denkens ein, wie es später die alte Kirche auch getan hat, als sie sich mit den alttestamentlichen Gesetzen abfinden mußte. Man befolgte vielmehr die Gebote, weil sie geboten waren. Vielleicht kam hier und da der Gedanke dazu, daß durch solche Gesetze wie das Beschneidungs- und Sabbatgebot das erwählte Volk von den Heiden abgegrenzt und als Gottes Eigentum kenntlich gemacht werde. Aber die Hauptsache ist dies nicht; die Hauptsache ist, daß man der heiligen Vorschrift, gleichgültig, was sie befiehlt, gehorsam sein will. Gehorsam, das ist das Wesen der jüdischen Sittlichkeit. Das kommt sehr schön zum Ausdruck in dem Wort eines Rabbi, der sich die kritische Frage nach dem Inhalt der Reinigungsgebote verbittet, indem er den Inhalt für gleichgültig erklärt: *Weder macht der Tote unrein, noch das Wasser rein. Aber der Heilige hat gesagt: Ein Gesetz habe ich festgesetzt, einen Entscheid getroffen; du bist nicht befugt, meinen Entscheid zu übertreten, der geschrieben ist: dies ist die Losung meines Gesetzes.*

Als Gehorsamsethik ist die jüdische Sittlichkeit nicht vom Menschen aus entworfen, d. h. ihr Sinn ist nicht die Verwirklichung eines Ideals vom Menschen oder von der Menschheit. Sie ist jeder humanistischen Ethik streng entgegengesetzt, denn in ihr soll nicht der Mensch, sondern allein die Ehre Gottes gelten. Eine Begründung dessen, was gut und vom Menschen gefordert ist, kann in ihr deshalb nicht gegeben werden durch den Rückgriff auf eine Vorstellung vom Menschen, durch Ableitung aus rationalen Ideen, die im Geist des Menschen angelegt sind. Es fehlt deshalb die Vorstellung von der sittlichen Persönlichkeit, und es fehlt eine eigentliche Tugendlehre, wie sie sich im Kreise der griechischen Auffassung vom Menschen entwickeln muß, und wie sie sich deshalb bei dem alexandrinischen Juden Philo unter dem Einfluß der griechischen Philosophie alsbald geltend macht. Der echte Jude kennt den Begriff Tugend gar nicht und hat auch kein Wort dafür. Deshalb fehlt aber auch die Vorstellung von einem Idealbilde menschlicher Gemeinschaft, das durch menschliches Handeln verwirklicht werden soll; eine Analogie zum griechischen Staatsideal kann es hier nicht geben. Natürlich kann es hier auch keine sog. Wertethik geben, da nichts an sich als wertvoll gilt. Nur der Gehorsam gibt der Handlung ihren Sinn.

Da dieser Gehorsam der gegen eine rein formale Autorität ist, so entsteht in der spätjüdischen Ethik das Nebeneinander moralischer und ritueller Vorschriften, deshalb das Überwiegen der rituellen, zeremoniellen Gebote, das Jesus geißelt in jenem Wort, daß die Phärisäer Mücken seihen und Kamele verschlucken (Matth 23, 24); deshalb auch das Überwiegen der negativen Forderungen(man zählte 365 Verbote und 278 Gebote), deshalb die unendlich vielen Forderungen und das Fehlen großer sittlicher Grundsätze, die Vernachlässigung ganzer wichtiger Lebensgebiete. Das Ideal des frommen Juden ist danach der Mensch, der im Gesetz des Herrn studiert Tag und Nacht, der es versteht, für jede Lebenslage und jedes Verhalten durch kluge Deutung des Gesetzes die notwendige Verhaltungsmaßregel zu finden. Eben weil das Handeln nicht durch einheitliche verständliche Grundsätze bestimmt, sondern von der formalen Autorität des Gesetzes geregelt werden soll, ist es die Aufgabe der Schriftgelehrten, »einen Zaun um die Thora zu machen«, d. h. durch endlose scharfsinnige Ableitung aus der Schrift die Regel zu finden für die Fälle, die in der Schrift nicht vorgesehen sind und denen man doch im gegenwärtigen Leben gegenübersteht.

Wohl strebte man aus dieser Vielheit und Zersplitterung heraus; auch die Schriftgelehrten zur Zeit Jesu beschäftigte die Frage nach der Hauptsache des Gesetzes, und man suchte zu gliedern, zusammenzufassen oder gewisse moralische Grundsätze als die Hauptsache vorauszustellen. *Liebe deinen Nächsten wie dich selbst*, wird von einem Rabbi als die Quintessenz des Gesetzes genannt. Von einem andern: *Was du nicht willst, daß dir geschehe, das füge auch keinem andern zu.* Von einem Dritten: *Einerlei, ob man viel oder wenig tut, wenn man nur sein Herz auf den Himmel (d. h. auf Gott) richtet.* Die Einfalt und Einheit des Herzens, daß man ganz *im Guten wolle*, wird von einer jüdischen Schrift (die Testamente der zwölf Patriarchen) als die eigentliche Forderung Gottes bezeichnet. Und es entwickelte sich die Vorstellung von allgemeinen sittlichen Forderungen, die auch für die Heiden gelten, dem »Wege auf Erden«.

Auch Kritik an der formalen Gesetzlichkeit regt sich. Auch von Rabbinen wird der Satz überliefert, den nach christlicher Überlieferung ähnlich Jesus gesprochen hat: *Der Sabbat ist euch übergeben, nicht ihr dem Sabbat* (vgl. Mark 2, 27). Und auch unter den Rabbinen gilt der Grundsatz, daß man den Sabbat brechen darf, um ein Menschenleben zu retten. Aber wenn man liest, mit welchen kasuistischen Regeln die praktische Befolgung dieses Grundsatzes belastet wird, so sieht man, daß der Grundgedanke der jüdischen Ethik, der blinde Gehorsam, doch im Grunde regiert. Der Wille Gottes ist die formale Autorität der Schrift; die Ethik ist deshalb vom Recht nicht geschieden.

Leicht stellt sich bei dieser Anschauung der Glaube an die Verdienstlichkeit des gesetzesgemäßen Handelns ein. In der Tat hat das Rechnen mit guten Werken, der Stolz auf gute Werke im späten Judentum offenbar eine verhängnisvolle Rolle gespielt. Der Fromme meint, Gott gegenüber auf seine Verdienste hinweisen zu können, er meint, Gott gegenüber einen Anspruch zu haben. Das kommt besonders darin zum Ausdruck, daß man außer den pflichtmäßigen Leistungen überpflichtige kennt, eben die guten Werke, als welche Almosengeben, Beten und Fasten gelten. Das Verhältnis zu

Gott ist dabei als ein rechtliches Vertragsverhältnis aufgefaßt; den Gerechten muß Gott belohnen, den Ungerechten bestrafen. Ein Symptom dieser Auffassung ist die absurde Streitfrage, die manchen Rabbinen beschäftigte, was aus den Menschen werde, die gleichviel gute und böse Werke aufzuweisen hätten.

Gleichwohl würde man die jüdische Ethik völlig verkennen, wenn man meinte, sie sei ganz vom Verdienstgedanken beherrscht gewesen. Mag dieser namentlich in niederen Schichten populär gewesen sein, den eigentlichen Charakter gibt er der Frömmigkeit nicht. Der Grundzug der Frömmigkeit ist vielmehr Gehorsam. Gehorsam, der keine Zwecke verfolgt, sondern sich fraglos unterwirft. Gehorsam, der nicht die Erfüllung einer Vertragsleistung ist, sondern der aus der Ehrfurcht vor der Majestät des heiligen Gottes hervorgeht. Daß das Tun des Menschen nicht aus selbstischem Trachten nach Verdienst geschehen soll, sondern aus der Furcht Gottes, »im Namen« Gottes, wird immer wieder unter Protest gegen die Verdienstmoral hervorgehoben. *Wenn du viel Thora ausgeübt hast, so rechne dir das nicht als Verdienst an, denn dazu wurdest du geschaffen,* lautet ein rabbinischer Ausspruch. Und schon vorhin wurde das Wort des Rabbi Antigonus von Socho (in vorchristlicher Zeit) angeführt: *Seid nicht wie Knechte, die dem Herrn dienen unter der Bedingung, Lohn zu empfangen; seid vielmehr wie Knechte, die dem Herrn dienen nicht unter der Bedingung, Lohn zu empfangen.*

Man darf deshalb auch nicht die jüdische Ethik als »Werkmoral« bezeichnen und sie einer »Gesinnungsethik« gegenüberstellen. Denn indem letztlich nur eines, der Gehorsam, gefordert ist, ist die jüdische Ethik durchaus Gesinnungsethik. Sie ist es nur insofern nicht, als die »Gesinnung« für sie nicht einen Selbstwert hat als menschliche Eigenschaft, als Willensrichtung, in der der Mensch steht. In diesem Sinne kommt der »Gehorsam« nicht in Betracht; er ist vielmehr streng auf den Moment des Handelns bezogen, ist also nicht eine Qualität des idealen Menschen (wobei der Mensch eben wieder humanistisch gesehen wäre), sondern er ist nur aktuell da im Jetzt des Handelns. Ebenso ist er als Gehorsam nur dadurch möglich, weil der Mensch gegenüber der ihm entgegentretenden Autorität Gottes steht. Die »Gesinnung« des Gehorsams ist deshalb etwas, was ein auf sich gestellter Mensch (wie der griechische) gar nicht haben kann, denn er kennt ja keine Autorität, der gegenüber der Gehorsam in Frage käme; er kennt nur das Gesetz der selbstvollzogenen Vollendung seines eigenen Wesens.

Alles dies muß man in seiner Grundrichtung und in seinen Konsequenzen vor Augen haben, wenn man Jesu Verkündigung des Willens Gottes verstehen und in ihrer Übereinstimmung mit der jüdischen Frömmigkeit wie in ihrem Gegensatz zu ihr begreifen will. Man wird sie dann aber auch verstehen in ihrem Unterschied vom griechischen Menschenideal und von moderner rationaler Ethik der Autonomie oder modernster Wertethik. Es läßt sich nämlich nun mit einem Worte sagen, daß Jesu Ethik, genau wie die jüdische, eine Ethik des Gehorsams ist, und daß der einzige, freilich fundamentale Unterschied der ist, daß er den Gedanken des Gehorsams radikal gedacht hat. Aber was das bedeutet, muß nun überlegt und an Hand der Worte Jesu veranschaulicht werden.

Auch Jesus sieht das Handeln des Menschen unter dem Gesichtspunkt des Gehorsams, den der Mensch Gott schuldig ist. Zwei Gleichnisse zeigen das deutlich:

Wer von euch sagt zu seinem Acker- oder Viehknecht, wenn er vom Felde keimkommt: Geschwind komm her und setz dich zu Tisch? Sagt er nicht vielmehr zu ihm: Richte mir mein Essen an, schürze dich und warte mir auf; danach kannst du essen und trinken! Er wird sich doch nicht etwa bei dem Knecht bedanken, daß er getan hat, was ihm befohlen war? Also sollt auch ihr, wenn ihr alles getan habt, was euch befohlen war, sagen: Knechte sind wir, unsere Schuldigkeit haben wir nur getan (Luk 17, 7–10).

Das Himmelreich gleicht einem Hausherrn, der frühmorgens ausging, Arbeiter für seinen Weinberg zu dingen. Und als er mit den Arbeitern eins geworden war um einen Silberling für den Tag, schickte er sie in seinen Weinberg. Und um die dritte Stunde ging er aus und sah andere müßig auf dem Markte stehen und sagte ihnen: Geht ihr auch in den Weinberg, und ich will euch geben, was recht ist. Und sie gingen hin. Wiederum ging er aus um die sechste und um die neunte Stunde und tat ebenso. Und als er um die elfte Stunde ausging, fand er andere dastehen und sagte zu ihnen: Was steht ihr da den ganzen Tag müßig? Sie sagten: Niemand hat uns gedingt! Er sagte: Geht ihr auch in den Weinberg. Am Abend aber sagte der Herr des Weinbergs zu seinem Verwalter: Ruf die Arbeiter und zahl den Lohn, und fang bei den letzten an, bis zu den ersten. Da kamen die von der elften Stunde und bekamen jeder einen Silberling. Als nun die ersten kamen, meinten sie, sie würden mehr

bekommen; aber auch sie bekamen jeder einen Silberling. Da murr-
ten sie gegen den Hausherrn und sagten: Diese letzten haben doch
nur eine Stunde gearbeitet, und du hast sie uns gleichgestellt, die wir
die Last des Tages getragen haben und die Hitze! Er aber antworte-
te einem von ihnen und sprach: Mein Freund, ich tue dir nicht un-
recht; bist du nicht um einen Silberling mit mir eins geworden?
Nimm, was dein ist, und geh! Ich will aber diesen letzten ebenso-
viel geben wie dir. Oder darf ich nicht mit meinem Gelde tun, was
ich will? Bist du neidisch, daß ich gütig bin? (Matth 20, 1–15).

Beide Gleichnisse bringen so stark wie möglich zum Ausdruck,
daß der Mensch keinen Anspruch vor Gott vorbringen kann. Und
so weit wäre Jesus mit den Rabbinen, die den Grundgedanken der
jüdischen Ethik rein vertreten, ganz einig. Aber die Bindung an eine
rein formale Autorität, der blinder Gehorsam zu leisten ist, erfährt
nun bei ihm eine Ablehnung, die über alles hinausgeht, was uns
von gelegentlicher rabbinischer Kritik bekannt ist.

Das zeigt sich schon in seiner Benutzung der alttestamentlichen
Schrift. Ihre Autorität steht ihm wie den Rabbinen fest. Und nicht
nur das zeichnet ihn aus, daß er mit Sicherheit auf die Frage nach
dem Weg zum Leben oder nach dem höchsten Gebot aus der Schrift
die sittlichen Forderungen herausgreift, die als verpflichtende einsichtig sind (Mark 10, 19; 12, 29–31); denn auch in diesem Punkte
stehen jüdische Lehrer neben ihm. Sondern im Unterschied von der
schriftgelehrten Betrachtung, die alle Schriftstellen als gleich ver-
pflichtend ansieht und widersprechende miteinander ausgleicht, spielt
Jesus eine Schriftstelle gegen die andere aus. Steht im Gesetz des
Mose geschrieben, daß der Mann seine Frau entlassen kann mit einem Scheidebrief, so steht doch andererseits geschrieben: *Als Mann*
und Weib hat Gott sie geschaffen; darum wird ein Mann Vater und
Mutter verlassen, und die beiden werden ein Fleisch sein. Was nun
Gott verbunden hat, soll der Mensch nicht trennen! Das also ist
Gottes Wille, nicht jenes Scheidungsgesetz des Mose; dies hat Mose
nur *mit Rücksicht auf eure Herzenshärtigkeit* geschrieben (Mark 10,
2–9). Es ist also klar, daß nicht die formale Autorität den Menschen
bindet, sondern wenn der Mensch solche Unterschiede in der Schrift
machen kann, so wird ihm offenbar selbst die Einsicht zugesprochen,
zu erkennen, was von Gott gefordert ist. Es ist also auch klar, daß
der Inhalt des Gebotes nicht gleichgültig ist, sondern daß gerade er
entscheidet, ob ein Schriftwort Gottes Gebot ist. Diese Anschauung,

die kritisch in der Schrift unterscheidet zwischen Wesentlichem und Unwesentlichem, spricht auch aus dem Wort:

Wehe euch, ihr Schriftgelehrten und Pharisäer! Ihr verzehntet Minze, Dill und Kümmel und lasset dahinten das Schwerste im Gesetz: das Recht und die Barmherzigkeit und die Treue. Dies sollte man tun und jenes nicht lassen. Ihr blinden Führer, die ihr die Mücke seiht und das Kamel verschluckt! (Matth 23, 23 u. 24).

So konservativ die Formulierung dieses Wortes ist (»dies sollte man tun und jenes nicht lassen«), so deutlich ist doch, daß hier die formale, äußere Autorität der Schrift preisgegeben ist. Das geht nun vollends klar hervor aus einer Reihe von Kampfworten und Konfliktszenen, die im einzelnen ihre Formulierung erst durch die Gemeinde erhalten haben; jedoch ist in diesem Punkt das Verhalten der Gemeinde das beste Zeugnis für die Lehre Jesu. Die äußeren Reinigungsgebräuche werden mit einem Zitat aus dem Propheten Jesaja als Heuchelei bezeichnet:

Dies Volk ehrt mich mit seinen Lippen,
Ihr Herz aber ist weit weg von mir.
Nichtig verehren sie mich mit ihren Lehren von Menschengeboten (Mark 7, 6 und 7).

Das Wort Gottes haben die Schriftgelehrten außer Kraft gesetzt; denn es befiehlt: *Ehre deinen Vater und deine Mutter! Und wer Vater und Mutter schmäht, der soll des Todes sterben.* Und wenn nun jemand das Gut, das er seinen Eltern schuldig ist, durch einen Schwur profanem Gebrauch entzieht und für heilig erklärt, so halten die Schriftgelehrten diesen Schwur für heiliger als die Kindespflicht! (Mark 7, 9–13).

In solcher Polemik will Jesus offenbar nur eine bestimmte schriftgelehrte Deutung der alttestamentlichen Schrift treffen. Tatsächlich trifft er damit nicht nur eine Fülle alttestamentlicher Gesetze, sondern vor allem das Alte Testament selbst als formale Gesetzesautorität. Die ganze Reinheitsgesetzgebung ist über den Haufen geworfen mit dem Wort: *Es gibt nichts, was von außen in den Menschen hineinkommt, das ihn verunreinigen könnte; sondern was aus dem Menschen herauskommt, das ist es, was ihn verunreinigt* (Mark 7, 15).

Was Gottes Wille ist, wird also nicht von einer äußeren Autorität gesagt, so daß der Inhalt des Gebotenen gleichgültig wäre, sondern es wird dem Menschen zugetraut und zugemutet, selbst zu sehen, was von ihm gefordert ist. Gottes Forderungen gelten also als einsichtig. Damit aber ist der Gedanke des Gehorsams erst radikal gedacht. Denn solange der Gehorsam nur die Beugung unter eine Autorität ist, die der Mensch nicht versteht, ist er kein wahrer Gehorsam; solange bleibt etwas im Menschen dahinten, das sich nicht unterwirft, das nicht bezwungen ist von der Forderung Gottes. Solange kann sich die Kritik regen: an sich geht mich das nichts an, an sich sind das ja gleichgültige Dinge, – aber ich will gehorchen. Solange sich der Mensch zu solchem Tun entschließt, steht er gleichsam neben seinem Tun, ist er nicht ganz gehorsam. Radikaler Gehorsam ist nur dort vorhanden, wo der Mensch von sich aus bejaht, was von ihm gefordert ist, wo das Gebotene einsichtig ist als Gottes Forderung; wo der Mensch ganz zu dem steht, was er tut; ja besser: wo der Mensch ganz in dem ist, was er tut, d. h. wo er nicht gehorsam etwas tut, sondern in seinem Sein gehorsam ist.

Aber es kommt noch eins hinzu. Innerhalb jener Anschauung, nach der der Gehorsam die Beugung unter eine formale Autorität ist, zu der das Ich sich entschließen kann, ohne daß es in seinem Sein gehorsam ist, gibt es für das Ich gleichsam eine neutrale Stellung. Es ist sozusagen nur zufällig und gelegentlich von Gott beansprucht, und es ließe sich denken, daß das auch anders wäre, daß diese Beanspruchung durch Gott vielleicht einmal aufhört, weil sie ja nicht das Sein des Ich vor Gott charakterisiert. Ja, es ist tatsächlich auch anders, nämlich überall da, wo das Ich sich in einer Lebenslage befindet, für die sich in der formalen Autorität, in der Schrift, kein Gebot verzeichnet findet. Deshalb ist ja der Mensch nach rabbinischer Ansicht in der glücklichen Lage, mehr zu tun, als verlangt ist, überpflichtige Werke zu tun, nämlich *da* etwas Gottgefälliges zu tun, wo nichts Besonderes von Gott geboten ist. Deshalb gibt es aber auch Situationen, in denen für den Menschen ein Nichttun möglich ist, neutrale Situationen. Und eben dies wird von Jesus in einem Kampfworte ausdrücklich abgelehnt. Gegenüber dem Vorwurf, daß er den Sabbat breche, um einem Menschen zu helfen, antwortet er:

Darf man am Sabbat Gutes tun oder Böses?
Ein Leben retten oder töten? (Mark 3, 4)

Die Voraussetzung ist, daß es kein Drittes gibt neben Gutes tun und Böses tun; ein Nichttun wäre in diesem Falle gleichbedeutend mit Böses tun. Es gibt also keinen neutralen Ort; der Gehorsam ist radikal gedacht und umspannt den Menschen in seinem Sein. Das bedeutet aber, daß der ganze Mensch in der Entscheidung steht; gibt es für ihn keine Neutralität, so hat er sich zu entscheiden zwischen den beiden einzigen Möglichkeiten, die es für sein Sein gibt, zwischen dem Guten und dem Bösen.

Aber scheint dieser Forderung des radikalen Gehorsams nicht der Gedanke des Lohnes zu widersprechen, den Jesus ja ganz unbefangen verwertet? den er auch zur Begründung der Forderung benutzt als Drohung oder Verheißung? Er verheißt doch z. B. einen Lohn im Himmel (Matth 6, 19 u. 20; Mark 10, 21 und sonst); er droht mit dem Feuer der Hölle (Matth 10, 28; Mark 9, 43 u. 48 und sonst).

Das steht in einem eigentümlichen paradoxen, vielleicht widerspruchsvollen Verhältnis zur Forderung des Gehorsams. Aber das ist ja ganz klar, daß Jesus den Gehorsam gefordert hat ohne Nebenabsichten. Die Gleichnisse vom Knecht, der keinen Anspruch auf den Dank des Herrn hat, und von den Arbeitern im Weinberg (Luk 17, 7–10; Matth 20, 1–16) lehnen ja deutlich jede Lohnrechnerei des Menschen mit Gott ab, bestreiten ausdrücklich, daß der Mensch vor Gott irgendeinen Anspruch erheben kann. Aber freilich, daß der Mensch Lohn oder Strafe von Gott erhält, das ist für Jesus ganz sicher. Und die Worte, in denen Jesus auf diese Möglichkeiten hinweist, sollen den Menschen auf die Konsequenzen seines Handelns aufmerksam machen. Im eigentlichen Sinne können sie ja nicht als Motiv gelten, wo der Gedanke des Gehorsams rein durchgeführt wird. Wie wäre sonst z. B. die Forderung der Liebe möglich? Denn Liebe mit der Nebenabsicht des Verdienstes, Liebe mit dem Hinblick auf die eigene Leistung wäre ja keine Liebe. Und Jesu Haltung ist in der Tat paradox: er verheißt denen Lohn, die gehorsam sind nicht um des Lohnes willen.

Aber den Gedanken des Lohnes hält er fest. Und zwar kennt er auch hier nur ein Entweder-Oder: entweder Lohn von seiten der Menschen oder Lohn von seiten Gottes, – aber Lohn steht hinter jedem rechten Tun (Matth 6, 1–4. 5–8. 16–18). Und darin grenzt Jesus sich wieder scharf gegen die idealistische Ethik ab. Das Tun des Guten um des Guten willen kennt er nicht; der Gedanke, daß jedes gute Tun seinen Wert in sich selbst trägt, ist ihm fremd. Denn bei diesem Gedanken ist wieder das humanistische Menschenideal vorausgesetzt, die Überzeugung vom Selbstwert des Menschlichen. Nach Jesu Meinung erwirbt sich nicht der Mensch seinen Wert, sondern wenn er gehorsam ist, so lohnt Gott ihn, er schenkt ihm mehr, als er hat. Man mag sich das daran klarmachen, daß ja auch im Verhältnis zwischen Mensch und Mensch der eigentliche Lohn für erwiesene Güte nicht die Güte selbst ist, sondern die Freude und Dankbarkeit, die durch sie geweckt wird und den Täter reicher macht. Dieser Lohn kann offenbar nie Motiv der Tat werden, und dennoch würde man das, was sich zwischen Mensch und Mensch abspielt, nicht verstehen, sondern entwerten, wenn man nicht sehen würde, wie für die Güte des Menschen dieser Lohn verheißen ist. So also wird der Mensch, der gehorsam ist, durch Gott reich gemacht. Und damit ist Jesu Anschauung auch gegen eine bestimmte asketische Haltung abgegrenzt, nämlich gegen die Meinung, als sei Selbstvernichtung des Menschen die von Gott geforderte Haltung. Wohl wird vom Menschen Selbstverleugnung und Opfer gefordert; aber Gott wird nicht vorgestellt als selbstischer Tyrann, dessen Forderung für den Menschen Tod bedeutet, sondern sie bedeutet Leben; hinter der Forderung steht die Verheißung.

Von der Forderung des radikalen Gehorsams aus gewinnt nun Jesus das Recht, die herrschende Frömmigkeit, die sich breitmacht und mit ihrer Korrektheit prunkt, als Halbheit und Heuchelei zu schelten. Denn wo mit dem Gedanken des Gehorsams nicht radikal Ernst gemacht wird und der Mensch seinen Gehorsam immer noch als seine Leistung ansieht, da pflegt sich der Geist der Selbstgerechtigkeit und des Stolzes einzustellen. Und selbst wenn da der Fromme Gott gegenüber keinen Anspruch erhebt, so blickt er doch auf diejenigen herab, die nicht die gleiche Korrektheit des äußerlichen Gehorsams aufweisen können. So schilt Jesus die Leute, die in den Synagogen und auf den Gassen ihre Almosen geben, die an den Straßenecken stehenbleiben und beten, die beim Fasten durch ihre trübseligen Gesichter auffallen, damit man ihre Frömmigkeit sieht (Matth 6, 2 u. 5 u. 16), die Leute, die sich vor den Menschen gerecht machen; Gott aber durchschaut das Herz, und was bei den Menschen hoch ist, das ist vor Gott ein Greuel (Luk 16, 15).

Wehe euch, ihr Schriftgelehrten und Pharisäer, ihr Heuchler!
Ihr reinigt das Äußere, Becher und Schüssel,
Inwendig aber seid ihr voll von Raub und Gier!
Wehe euch, ihr Schriftgelehrten und Pharisäer!
Ihr gleicht getünchten Gräbern, die von außen hübsch aussehen,
Inwendig aber sind sie voll Totengebein und aller Unreinheit.
So erscheint auch ihr vor den Leuten gerecht,
Inwendig aber seid ihr voll von Heuchelei und Frevel.

(Matth 23, 25–28)

Aus all diesen Worten spricht der Zorn über die Menschen, die ihre Gesetzestreue für eine besondere Leistung halten, die bei aller Unterwürfigkeit unter das Gesetz doch nicht im Innern gehorsam sind. Diese Worte sind also – einerlei wieweit sie wirklich als treffende Charakteristik der schriftgelehrten Frömmigkeit angesehen werden dürfen – ein Ausdruck für die eine Forderung des ganzen Gehorsams. Und in Wahrheit ist nun, gerade durch die radikale Forderung des ganzen Gehorsams, der den Menschen ganz beansprucht, doch eine gewaltige Last vom Menschen genommen, so paradox es klingt. Denn er ist nun befreit von der endlosen und zwecklosen Sorge, sich umzusehen nach den Geboten und Verboten, die er wissen müßte, um korrekt zu handeln; von der Angst, hier und dort sich verfehlt zu haben, weil er das Gebot der Schrift oder seine richtige Auslegung nicht kannte; von der Verachtung, die auf dem *Volk* lag, das *das Gesetz nicht kennt.* Denn in Wahrheit, solange das Alte Testament die formale Autorität ist und schriftgelehrte Erklärung und Ableitung seine Geltung für alle praktischen Lebenslagen ermitteln muß, so lange kann ja nur der Schriftgelehrte gehorsam sein, und wer zu dem *Volk* gehört, *das das Gesetz nicht kennt,* der ist mit dem Makel behaftet, ein Sünder zu sein.

Vom Rabbi Hillel wird das Wort überliefert: *Es gibt keinen Ungebildeten (d. h. keinen Nichtschriftgelehrten), der die Sünde fürchtete. Kein ›Amhaarez‹ (d. h. keiner, der zur Volksmasse gehört) ist fromm.* Jesus schilt über die Schriftgelehrten, die den Menschen schwere Lasten aufladen, die sie selbst nicht mit einem Finger bewegen wollen (Matth 23, 4).

Wehe euch, ihr Schriftgelehrten und Pharisäer, ihr Heuchler!
Ihr schließt das Himmelreich vor den Leuten zu!
Ihr selber kommt ja nicht hinein, und ihr laßt auch die,
Welche hineinkommen wollen, nicht hinein (Matth 23, 13).

Jesus weiß sich gerade zu den Sündern gerufen wie der Arzt zu den Kranken (Mark 2, 17). Bei ihnen setzt er offenbar ein besseres Verständnis für den Willen Gottes voraus als bei den Korrekten. Vielleicht bezieht sich darauf das Wort: *Ich preise dich Vater, Herr des Himmels und der Erde, daß du dies den Weisen und Klugen verborgen und den Unmündigen offenbart hast. Ja, Vater, so hast du es beschlossen* (Matth 11, 25 u. 26). Die Gegner warfen ihm deshalb vor, er sei ein Freund von Zöllnern und Sündern (Matth 11, 19; vgl. Mark 2, 16). Seine Gemeinde gewann von ihm den Eindruck, den sie bekennt, indem sie ihm die Worte in den Mund legt, die wahr-

scheinlich aus einer Weisheitsschrift stammen und ursprünglich die
gottgesandte Weisheit schildern:

> *Kommt her zu mir, all ihr Mühseligen und Beladenen!*
> *Ich will euch Ruhe geben.*
> *Nehmt mein Joch auf euch und lernt von mir,*
> *Denn ich bin milde und leutselig.*
> *So werdet ihr Ruhe finden für euch.*
> *Denn mein Joch ist sanft,*
> *Und meine Last ist leicht!* (Matth 11, 28–30).

Leicht ist der Gehorsam, für den Jesus eintritt, deshalb, weil er den
Menschen von der Abhängigkeit von einer formalen Autorität befreit und ihn deshalb auch von dem Urteil der Menschen befreit, die
berufsmäßig jene Autorität erklären müssen. Leicht ist dieser Gehorsam, weil er auf dem eigenen Urteil, der eigenen Verantwortung des
Handelnden beruht. Um so schwerer ist er freilich in anderer Hinsicht. Denn für schwache Menschen ist ja gerade das eine Erleichte-
rung, daß ihnen das Urteil über Gut und Böse, daß ihnen die Verantwortung abgenommen wird. Und diese Last schiebt Jesus dem
Menschen gerade zu; er lehrt die Menschen, sich zu sehen als in die
Entscheidung gestellt, und zwar in die Entscheidung zwischen Gut
und Böse als die Entscheidung für Gottes Willen oder für den eigenen Willen.

Denn darin besteht nun die Befreiung, die Jesus bringt, nicht, daß
er den Menschen das Gute erkennen lehrt als das Gesetz seines eigenen menschlichen Wesens, daß er die Autonomie im modernen Sinne verkündigte. Das Gute ist der Wille Gottes, nicht die Erfüllung
des Menschentums, nicht das im Menschen Angelegte. Sein Unterschied vom Judentum liegt darin, daß er den Gedanken des Gehorsams radikal zu Ende denkt, nicht darin, daß er ihn beseitigte. Auch
Jesu Ethik ist jeder humanistischen Ethik und jeder Wertethik streng
entgegengesetzt; sie ist Gehorsamsethik. Er sieht den Sinn des
menschlichen Handelns nicht darin, daß ein Ideal des Menschen verwirklicht werde, das im menschlichen Geiste begründet wäre; nicht
darin, daß ein Ideal menschlicher Gemeinschaft durch das menschliche Handeln verwirklicht werde. Eine sogenannte Individual- oder
Sozialethik findet sich bei ihm nicht; die Begriffe des Ideals und des
Zweckes sind ihm fremd. Fremd sind ihm die Begriffe der Persönlichkeit und ihrer Tugenden und der Begriff einer Menschheit; er
sieht immer nur den einzelnen Menschen vor Gottes Willen ge-

stellt. Das Handeln erhält auch nicht dadurch seinen Sinn, daß durch das Handeln ein Wert erreicht oder verwirklicht wird, sondern das Handeln als solches ist Gehorsam oder Ungehorsam; ein System der Werte gibt es also bei ihm auch nicht.

Das bedeutet im Grunde: Jesus lehrt überhaupt keine Ethik als eine allgemein für den Menschen einsichtige Theorie über das, was man tun und lassen soll. Eine solche Theorie kann immer nur ausgehen von einem bestimmten Verständnis des Menschen als eines Wesens mit bestimmten Anlagen und bestimmten Zielen (Idealen oder Zwecken), sei sie nun idealistisch oder utilitaristisch. Eine solche Theorie macht den Menschen – sei es auch der ideale Mensch – zum Maßstab des Handelns; und eine solche Theorie sieht den Menschen an als gesichert in seiner Existenz, verfügend über die Möglichkeiten des Handelns, die ihm begegnen können. Jesus sieht den Menschen und seine Existenz ganz anders, nämlich in einer absoluten Ungesichertheit gegenüber dem, was ihm begegnet. Der Mensch kann nicht vorher verfügen über die Möglichkeiten dessen, was es zu tun gilt; er kann sich nicht im Augenblick der Entscheidung auf Grundsätze, auf eine allgemeine ethische Theorie zurückziehen, die ihn der Verantwortung der Entscheidung enthöbe; sondern jeder Moment der Entscheidung ist wesenhaft neu. Da der Mensch also in dieser Entscheidung nicht gleichsam eine Basis hat, von der aus er die Entscheidung trifft, da ihm jede Berufung auf eine verfügbare Instanz genommen ist und er gleichsam im leeren Raume steht, ist damit Ernst gemacht, daß die Forderung des Guten wirklich die Forderung Gottes ist, nicht die Forderung von irgend etwas Göttlichem im Menschen, sondern eben die Forderung Gottes, der jenseits des Menschen steht.

Es scheidet deshalb aus dieser Anschauung auch der Gedanke der Entwicklung aus, als entwickle sich das sittliche Urteil des Menschen oder als entwickle und vervollkomme sich der Mensch. Hier gibt es keine relativen Maßstäbe, sondern nur den absoluten. In der Entscheidung handelt es sich um ein absolutes Entweder-Oder; das Gute, das hier gefordert wird, ist nicht etwas relativ Gutes, das auf einer höheren Entwicklungsstufe durch etwas Besseres ersetzt werden könnte, sondern es ist der Wille Gottes. Und der Mensch entscheidet sich in dieser Situation nicht, ob er relativ höher steigen oder niedriger sinken will, sondern ob er gerecht oder ein Sünder ist. Ein Sünder sein, bedeutet aber nicht, auf einer relativ niedrigen Stufe der Sittlichkeit stehen, sondern bedeutet, von Gott verworfen sein. Es ist also klar, daß es den Begriff einer »Sittlichkeit« bei Jesus gar nicht gibt. Der Begriff der Sittlichkeit und der sittlichen Entwicklung – mag er im übrigen einen Sinn und ein Recht haben in irgendwelchen Zusammenhängen – scheidet für Jesus deshalb aus, weil für ihn der Mensch in dem absoluten Moment der Entscheidung gesehen ist, und weil für ihn die Begriffe Gut und Böse am Willen Gottes orientiert sind.

Es ist also auch mißverständlich, wenn man Jesu sittliche Verkündigung als »Gesinnungsethik« der jüdischen »Werkmoral« gegenüberstellt. Denn sowenig wie diese Charakteristik der jüdischen Ethik richtig wäre, sowenig wäre jene Bezeichnung der sittlichen Verkündigung Jesu treffend. Sofern der geforderte Gehorsam Gesinnung ist, kommt es sowohl für die Rabbinen wie für Jesus eben auf die Gesinnung an. Und in der radikaleren Erfassung des Gehorsamsgedankens bei Jesus liegt natürlich auch eine klarere Erfassung dieser Gesinnung. Indessen liegt der Sinn des Gehorsams nicht darin, daß er einen gesinnungsmäßigen Habitus des Menschen bedeute, eine Eigenschaft des Menschen, die ihm als solche eine sittliche Qualität gäbe. Sondern wie im Judentum ist auch bei Jesus der Gehorsam streng auf das Jetzt der Entscheidung bezogen, in der der Mensch steht; der Gehorsam ist nur aktuell da, nur im Moment des Handelns, und wenn man diesen Gehorsam Gesinnung nennen will, so muß man dabei nur daran festhalten, daß dieser Gehorsam die Autorität Gottes voraussetzt und der Mensch also nur in der Begegnung mit dieser Autorität gehorsam sein kann, daß er also nicht, sobald er als Mensch für sich betrachtet wird, gehorsam sein kann.

Die Einsichtigkeit der Forderung

Was aber bedeutet dann die Einsichtigkeit der Forderungen Gottes? Sie werden dem Menschen nicht durch die formale Autorität der Schrift gegeben (dann wären sie ja nicht einsichtig), sie erwachsen aber auch nicht aus einem Idealbild von Mensch und Menschheit! Sie sind in einer allgemeinen ethischen Theorie nicht zu entwickeln! Woher also werden sie genommen? Nun, sie erwachsen sehr einfach aus der Situation der Entscheidung vor Gott, in die der Mensch gestellt ist. Diese Antwort hat natürlich nur für den Sinn, der den Menschen, der sich selbst, in diese Situation der Entscheidung gestellt sieht. Ihr Sinn ist ja eben der, daß dieser Moment der Entscheidung alles enthält, was für die Entscheidung notwendig ist, sofern in ihm das Ganze der Existenz auf dem Spiele steht. Der Mensch, der mit seiner ihm anhaftenden Vergangenheit in sein Jetzt kommt, ist eben als der, der er durch seine Vergangenheit geworden ist, in Frage gestellt; er steht angesichts der Zukunft auf dem Spiele. Es handelt sich für ihn nicht darum, daß er aus dem bunten Vielerlei der künftigen Möglichkeiten diese oder jene wählt nach den aus seiner Vergangenheit mitgebrachten Maßstäben, sondern eben diese Maßstäbe sind in Frage gestellt, und der Mensch wählt in Wahrheit nicht etwas für sich, sondern er entscheidet sich mit jeder Wahl im Grunde für seine eigene Möglichkeit. In dieser Situation der Entscheidung ist die fließende Kontinuität mit der Vergangenheit also aufgehoben, und das Jetzt kann nicht unter dem Gesichtspunkt der Entwicklung, der sonst irgendwann – nämlich wenn der Mensch als Zuschauer gedacht ist – seinen guten Sinn haben mag, verstanden werden. Der Moment der Entscheidung ist die Situation, in der alles Zuschauertum aufgehoben ist, die nur unter das Jetzt gestellt ist. *Jetzt* gilt es zu wissen, was zu tun und zu lassen ist, und irgendwelche Maßstäbe aus dem Früher oder aus dem Allgemeinen gibt es nicht. *Das* bedeutet Entscheidung. Das heißt natürlich nicht, daß dem Menschen die Einsicht in die empirischen Möglichkeiten seines Handelns, in die Konsequenzen seines Handelns als empirischer Vorgänge fehle. Die Entscheidung ist ja kein Würfelspiel; ihr Charakter ist vielmehr um so deutlicher, je klarer die Einsicht in die empirischen Möglichkeiten vorhanden ist. Entscheidung bedeutet aber, daß die Wahl unter den Möglichkeiten nicht durch die Einsicht in sie determiniert ist, sondern frei und verantwortlich ist. Wer den Menschen in der Entscheidung sieht, und wer eben dies als die Erfassung der menschlichen Existenz ansieht, der mutet und traut damit dem Menschen zu, daß er wisse, was *jetzt* gut und böse ist, – wie gesagt: wisse, nicht auf Grund irgendwelcher Erfahrungen oder rationaler Begründungen, sondern aus der Situation des Jetzt heraus. Dann hat es natürlich keinen Sinn mehr, allgemeine Gedanken über ein höchstes Gut, über Tugenden und Werte zu entwickeln; denn jede solche Theorie kommt ja aus der Situation des Zuschauers. Für die Anschauung Jesu jedenfalls kann es keine solche Ethik geben, und es ist deshalb von vornherein verfehlt, ihn nach konkreten ethischen Forderungen oder nach seiner Stellung zu konkreten ethischen Problemen zu fragen. Er weist den Frager immer nur auf sich selbst zurück. Das ist zum Überfluß dadurch deutlich, daß es tatsächlich gar keine »neuen« ethischen Forderungen Jesu gibt, daß seine konkreten Weisungen ihre reichen Parallelen in der jüdischen Tradition haben.

Es kann also nur Sinn haben, sich durch die Worte Jesu eine Anschauung zu verschaffen von dem, was er unter dem Gehorsam gegen Gottes Willen versteht. Von jeher haben die Forderungen der Bergpredigt als besonders charakteristisch für Jesu Predigt gegolten. Hier wird ja gleich zu Beginn in großen Antithesen das Neue dem Alten entgegengestellt in einer eigentümlichen Interpretation des Alten Testaments, die dessen Sinn offenbar gegen die schriftgelehrte Auslegung sichern will, dabei freilich in der vorhin schon beobachteten Weise die formale Autorität der Schrift gründlich erschüttert. Es ist für unseren Zusammenhang ohne Bedeutung, daß wahrscheinlich nur drei der folgenden sechs Stücke ursprünglich die eindrucksvolle antithetische Form gehabt haben, während die drei anderen nach ihrem Muster aus anderen Jesusworten hinzukomponiert sind:

Ihr habt gehört, daß zu den Alten gesagt ward: Du sollst nicht töten; wer aber tötet, der soll dem Gericht verfallen. Ich aber sage euch: Jeder, der mit seinem Bruder zürnt, soll dem Gericht verfallen! (Das Folgende ist wahrscheinlich spätere Ausspinnung: *Und wer zu seinem Bruder sagt: Dummkopf, soll dem Hochgericht verfallen und wer sagt: Du Narr, soll der Feuerhölle verfallen*) (Matth 5, 21 u. 22).

Ihr habt gehört, daß gesagt ward: Du sollst nicht ehebrechen. Ich aber sage euch: Jeder, der ein Weib ansieht, sie zu begehren, der hat schon mit ihr Ehebruch getrieben in seinem Herzen (Matth 5, 27.28).

Ferner ward gesagt: Wer sein Weib entläßt, soll ihr einen Scheidebrief geben. Ich aber sage euch: Wer sein Weib entläßt und eine andere freit, der bricht die Ehe, und wer eine Entlassene freit, der bricht die Ehe (Matth 5, 31–32 bzw. Luk 16, 18).

Weiter habt ihr gehört, daß zu den Alten gesagt ward: Du sollst nicht falsch schwören, sondern dem Herrn deinen Eid erfüllen. Ich aber sage euch: Ihr sollt überhaupt nicht schwören..., sondern euer Wort sei ja für ja, nein für nein. Was darüber ist, das ist vom Bösen (Matth 5, 33–37).

Ihr habt gehört, daß gesagt ward: Auge um Auge, Zahn um Zahn. Ich aber sage euch: Ihr sollt euch nicht wehren gegen das Unrecht. Sondern wer dich auf die rechte Backe schlägt, dem halte auch die andere hin. Und wer mit dir um deinen Rock prozessieren will, dem laß auch den Mantel. Und wer dich für eine Meile pressen will, mit dem geh gleich zwei (Matth 5, 38–41).

Ihr habt gehört, daß gesagt ward: Du sollst deinen Nächsten lie-
ben und deinen Feind hassen. Ich aber sage euch: Liebt eure Feinde
und betet für eure Verfolger, damit ihr Söhne seid eures Vaters im
Himmel. Denn er läßt seine Sonne aufgehen über Böse und Gute
und läßt es regnen über Gerechte und Ungerechte. Denn wenn ihr
nur die liebt, die euch lieben, was habt ihr davon? Tun das nicht auch
die Zöllner? Und wenn ihr nur eure Brüder grüßt, was tut ihr be-
sonderes? Tun das nicht auch die Heiden? Ihr also sollt vollkommen
sein, wie euer himmlischer Vater vollkommen ist (Matth 5, 43–48).

In all diesen Sätzen leuchtet als die entscheidende Forderung die
eine hervor: das Gute, was es zu tun gilt, soll *ganz* getan werden.
Wer etwas ein Stück weit tut, mit Reserve, so weit, daß zur Not die
äußere Vorschrift erfüllt ist, der hat es überhaupt nicht getan. Wer
zwar den Mord läßt, aber den Zorn nicht überwindet, der hat nicht
erfaßt, daß er sich ganz entscheiden muß. Wer zwar den Ehebruch
vermeidet, aber die böse Lust im Herzen behält, der hat das Verbot
des Ehebruchs gar nicht verstanden, das von ihm ganze Reinheit fordert. Wer nur den Meineid läßt, hat nicht erfaßt, daß es auf ganze
Wahrhaftigkeit ankommt. Wer sich scheiden läßt, hat nicht verstanden, daß die Ehe eine ganze Entscheidung von ihm forderte, sondern faßt sie als eine relative Tat auf, die man auch rückgängig machen kann. Wer sich durch Rache gegen das Unrecht wendet, weiß
nicht, daß er damit das Unrecht selbst bejaht; das Unrecht ganz ver-
werfen, bedeutet, es auch nicht zu erwidern. Wer nur gegen Freunde
liebenswürdig ist, weiß nicht, was Liebe bedeutet; denn ganze Liebe
heißt auch Feindesliebe.

Der Sinn jener Sätze läßt sich auch so wiedergeben: Jesus stellt
der Forderung des Rechtes die Forderung Gottes gegenüber. Denn
da die alttestamentlichen Sätze, denen Jesus das »Ich aber sage euch«
entgegensetzt, für den Juden den Charakter einer rein formalen Autorität haben, haben sie den Charakter des Rechtes. Das Recht beansprucht den Menschen so weit, als sein Handeln durch formulierte
Vorschriften gebunden werden kann. Darüber hinaus läßt es dem
menschlichen Eigenwillen freien Spielraum. Jesu Meinung dagegen
ist, daß der menschliche Wille vor Gott keinen freien Spielraum hat,
sondern daß er radikal beansprucht ist. Unter dem Recht wird die
Frage: wieweit entspricht mein Handeln dem Gebot? zu einer Frage
nach der Materie, nach dem Was des Tuns. Der Gesetzesgehorsam
muß ja konstatierbar sein, und so muß das Recht mit dem Was des
Tuns, nicht mit dem Wie des Tuns rechnen. Deshalb ist aber forma-

le Gesetzeserfüllung als solche noch kein radikaler Gehorsam, wenn freilich auch in der Gesetzeserfüllung echter Gehorsam lebendig sein kann. Jesus nun hat es einzig auf diesen abgesehen, und deshalb stellt er nicht etwa einem minderwertigen Recht ein besseres Recht gegenüber, sondern er bekämpft die Anschauung, daß die Erfüllung des vom Recht Gebotenen schon die Erfüllung des Willens Gottes sei. Denn Gott fordert den Menschen ganz, nicht nur ein bestimmtes Was seines Tuns.

So sieht Jesus überall die Tat dem ganzen Menschen auferlegt, d. h. er sieht sein Tun unter dem Gesichtspunkt der Entscheidung: entweder – oder. Alles Halbe ist ein Greuel. Es wäre natürlich ein völliges Mißverständnis, wollte man jene Sätze des »Ich aber sage euch« auch wieder als formale gesetzliche Bestimmungen einer äußerlichen Autorität auffassen, die man durch sein äußerliches Verhalten erfüllen könnte. Wer mit Berufung auf ein Wort Jesu etwa eine unhaltbare Ehe nicht scheiden lassen wollte, oder wer dem, der ihn schlägt, die andere Backe hinhalten wollte, weil Jesus es gesagt hat, der würde ihn nicht verstehen. Denn er hätte ja gerade den Gehorsam, den Jesus will, verfehlt; er bildete sich ein, er könnte einen Gehorsam leisten und gleichsam präsentieren, der in ihm gar nicht wirklich vorhanden ist oder gar nicht sein Sein bestimmt. All diese Sätze sollen ja an extremen Beispielen gerade dies klarmachen, daß es nicht darauf ankommt, einer äußeren Autorität genugzutun, sondern ganz gehorsam zu sein. Es ist also ganz unmöglich, Jesu Sätze als allgemeingültige ethische Sätze anzusehen, nach denen man sich ein für allemal richten kann. Wenn die Entscheidung, die in jenen Sätzen gefordert ist, nicht eben als die Entscheidung aus dem Jetzt der gegebenen Situation entspringt, so ist sie in Wahrheit nicht die Entscheidung des Gehorsams, sondern eine Leistung, die der Mensch sich abringt, und in der er nicht ist, sondern neben der er steht. Sind es also nicht Forderungen, die für den Menschen, wie er gewöhnlich ist, unmöglich sind?

Denn *den* Ausweg kann man ja nicht gehen, daß man sagt, es kommt nur auf die Gesinnung an, indem man die Gesinnung von der Tat trennt und in der Tat ein Idealverhalten sieht, das vielleicht einmal in der Zukunft verwirklicht wird, wenn im Menschen nur die gute Gesinnung lebendig bleibt und er sich immer mehr erzieht. Mit solcher Zukunft rechnet Jesus nicht; die Zukunft, die Jesus kennt, ist nicht die des Menschen, sondern die Gottes; nicht die dem Menschen verfügbare, sondern die für den Menschen schicksalhafte. Er sieht nicht die Gesinnung als etwas Überzeitliches im Menschen, so daß ein Fall des Menschen im Jetzt unter dem Gesichtspunkt eines Später ausgeglichen sein könnte. Sondern er sieht den konkreten Menschen im Jetzt der Entscheidung, und die Entscheidung ist keine relative, sondern eine absolute. Ein Verfehlen, ein Fall des Menschen im Jetzt hat für ihn also nicht den relativen Charakter einer Entwicklungsstufe, sondern den absoluten Charakter der Sünde; denn Jesus sieht den Menschen vor Gott gestellt.

Die Forderungen der Bergpredigt vertreten also nicht einen sittlichen Idealismus, sondern sie stellen den absoluten Charakter der Forderung Gottes ins Licht. Und wie wenig man sie im Sinne eines sittlichen Idealismus verstehen darf, wird endlich daran klar, daß ja das berühmte Liebesgebot nichts über den Inhalt der Liebe aussagt. *Was* muß man tun, um den Nächsten, um den Feind zu lieben? Es ist doch nur gesagt, *daß* man es tun soll! Allenfalls ist gesagt, was man *nicht* tun soll; aber bleibt damit nicht das Liebesgebot ganz blaß und inhaltleer? Es ist klar, daß eine Ethik, die am Ideal des Menschen oder der Menschheit orientiert ist, konkrete Forderungen stellen könnte, wie denn die Liebe geübt werden müsse, was man denn – zum mindesten unter bestimmten Bedingungen – tun müsse, um den Menschen oder die Menschheit glücklich zu machen. Solche konkreten Forderungen kennt Jesus nicht und kann sie nicht kennen, da er nicht vom Menschen aus, sondern von Gott aus fragt, was das Gute ist, und also die Entscheidung immer nur dem Menschen in seiner konkreten Situation überlassen kann. Liebt der Mensch wirklich, so weiß er schon, was er zu tun hat.

Das findet seinen Ausdruck in dem Gleichnis von den Talenten:

Denn es ist, wie wenn ein Mensch verreisen wollte und seine Knechte rief und ihnen sein Gut übergab. Dem einen gab er fünf Talente, dem andern zwei, dem dritten eins, je nach seiner Fähigkeit, und dann verreiste er. Alsdann ging der, der die fünf Talente bekommen hatte, arbeitete damit und verdiente andere fünf Talente. Ebenso gewann der, der die zwei bekommen hatte, andere zwei. Der aber, der das eine bekommen hatte, ging hin, grub ein Loch und versteckte das Geld seines Herrn.

Nach langer Zeit nun kam der Herr jener Knechte und rechnete mit ihnen ab. Da kam der, der die fünf Talente bekommen hatte, brachte andere fünf Talente und sagte: Herr, fünf Talente hast du mir gegeben, hier sind andere fünf, die ich gewonnen habe. Sein Herr sprach zu ihm: Ei du braver und treuer Knecht! Über wenigem warst du treu, über viel will ich dich setzen; geh ein zur Freude deines Herrn!

Da kam auch der, der die zwei Talente bekommen hatte, und sagte: Herr, zwei Talente hast du mir gegeben; hier sind andere zwei, die ich gewonnen habe. Sein Herr sprach zu ihm: Ei du braver und treuer Knecht! Über wenigem warst du treu, über viel will ich dich setzen; geh ein zur Freude deines Herrn!

Da kam auch der, der das eine Talent bekommen hatte, und sagte: Herr, ich wußte, daß du ein harter Mann bist, daß du erntest, wo du nicht gesät hast, und sammelst, wo du nicht ausgestreut hast. Und aus Furcht ging ich hin und versteckte dein Talent in der Erde. Sein Herr aber antwortete ihm: Du schlechter und fauler Knecht! Wußtest du, daß ich ernte, wo ich nicht gesät habe, und sammle, wo ich nicht ausgestreut habe? Dann hättest du mein Geld zu den Bankhaltern bringen sollen, und ich hätte bei meiner Rückkehr das Meine mit Zins wiederbekommen! Darum nehmt ihm das Talent und gebt es dem, der die zehn Talente hat. Denn wer da hat, dem wird gegeben, daß er Überfluß hat; wer aber nicht hat, dem wird auch das genommen, was er hat. Und den nichtsnutzigen Knecht werft in die Finsternis hinaus; dort wird Jammern und Zähneknirschen sein (Matth 25, 14–30).

Dem Menschen wird die Verantwortung zugeschoben; er ist für seine Taten verantwortlich; sie werden als der Ausdruck seines Seins angesehen, und nach ihnen wird er gerichtet. Diesen Sinn haben wohl die Worte:

Kann man Trauben lesen von den Dornen?
Oder Feigen von den Disteln?
Jeder Baum wird an seiner Frucht erkannt.
Ein guter Baum kann nicht schlechte Früchte bringen.
(Luk 6, 43 u. 44 bzw. Matth 7, 16 u. 18)
Das Auge ist des Leibes Licht.
Wenn dein Auge klar ist,
So wird dein ganzer Leib im Hellen sein;
Wenn aber dein Auge nichts taugt,
So wird dein ganzer Leib im Finstern sein.
(Matth 6, 22 u. 23)

Ein solcher Mensch, der im Gegensatz zu den Gesetzeskundigen in der gegebenen Situation erfaßt, was von ihm gefordert ist, wird gezeichnet in der Geschichte vom barmherzigen Samariter. Lukas läßt sie, schriftstellerisch nicht geschickt, aber sachlich treffend, von Jesus als Antwort erzählt sein auf die ausweichende Frage: Wer ist denn mein Nächster?

Ein Mann ging von Jerusalem nach Jericho hinab und fiel Räubern in die Hände. Sie zogen ihn aus, mißhandelten ihn und ließen ihn halbtot liegen. Zufällig kam ein Priester den gleichen Weg, sah ihn und ging vorüber. Ebenso kam ein Levit an die Stelle, sah ihn und ging vorüber. Ein Samariter aber, der des Weges kam, fand ihn, sah ihn, und ihn jammerte sein. Er trat hinzu, verband seine Wunden und goß Öl und Wein darauf. Dann setzte er ihn auf sein Tier, brachte ihn in eine Herberge und sorgte für ihn. Am andern Morgen nahm er zwei Denare heraus, gab sie dem Wirt und sagte: Sorge für ihn, und was es dich mehr kostet, will ich dir bezahlen, wenn ich zurückkomme. Wer von diesen dreien ist wohl dem, der unter die Räuber fiel, der Nächste gewesen? (Luk 10, 30–36).

Andere Worte Jesu wollen dem Menschen den absoluten Charakter der göttlichen Forderung zum Bewußtsein bringen und zeigen, daß man nicht den Willen Gottes neben seinen eigenen Interessen verfolgen kann, sondern daß es hier heißt: entweder – oder.

Als er sich auf den Weg machte, lief einer herzu, fiel vor ihm auf die Knie und fragte ihn: Guter Meister, was muß ich tun, daß ich das ewige Leben ererbe? Jesus aber sprach zu ihm: Was nennst du mich gut? Niemand ist gut als Gott allein! Du kennst die Gebote: du sollst nicht ehebrechen, du sollst nicht töten, du sollst nicht stehlen, du sollst nicht fälschlich anklagen, du sollst nichts vorenthalten, ehre Vater und Mutter.

Er sagte: Das habe ich alles gehalten von Jugend auf. Jesus sah ihn an, gewann ihn lieb und sagte: Eins fehlt dir! Geh, verkauf alles was du hast und gib es den Armen, so wirst du einen Schatz im Himmel haben; dann komm und folge mir nach! Er aber wurde ärgerlich über das Wort und ging traurig davon, denn er war sehr reich (Mark 10, 17–22).

Zweierlei zeigt die Geschichte: einmal, daß man Gottes Interessen nicht bis zu einem gewissen Grade bejahen kann, soweit sie einen nicht stören; daß vielmehr Gottes Wille den Menschen ganz beansprucht. Markus hat das noch dadurch betont, daß er einige andere Jesusworte an diese Geschichte angereiht hat, darunter dies: *Wie schwer ist es, in die Gottesherrschaft hineinzukommen! Leichter kommt ein Kamel durch ein Nadelöhr als ein Reicher in die Gottesherrschaft.*

Das andere ist dies, daß Jesus dem Reichen zum Bewußtsein bringt, daß seine formale Korrektheit ihm gar nichts hilft. Gewiß, wer nach dem Weg zum Leben fragt, dem ist gar nichts Besonderes zu sagen; er soll tun, was recht ist, was jedermann weiß. Aber wenn dann eine besondere Forderung an den Menschen herantritt, dann kommt es zum Vorschein, ob in jenem korrekten Verhalten wirklich der ganze Mensch steckte, ob jenes Tun dessen, was recht ist, wirklich auf der Entscheidung für das Gute beruhte; sonst hat es keinen Wert. In der Sprache des Orientalen gesprochen: Es kommt darauf an, wo das Herz ist, bei Gott oder bei der Welt:

> *Sammelt euch nicht Schätze auf Erden,*
> *Wo Motte und Rost sie vernichten*
> *Und wo Diebe einbrechen und stehlen.*
> *Sammelt euch aber Schätze im Himmel,*
> *Wo nicht Motte und Rost sie zerstören,*
> *Und wo keine Diebe einbrechen und stehlen.*
> *Denn wo dein Schatz, da ist auch dein Herz.*

(Matth 6, 19–21)

Vielleicht ist es ein altes orientalisches Sprichwort, das Jesus oder die Gemeinde aufgegriffen hat und das in faßlicher Form dem Hörer das Entweder-Oder klarmachen soll:

> *Niemand kann zwei Herren dienen.*
> *Entweder muß er den einen hassen und den andern lieben,*
> *Oder er muß sich an den einen halten und des andern nicht*
> *Ihr könnt nicht Gott dienen und dem Mammon.*   [achten.

(Matth 6, 24)

Askese und Weltgestaltung

Die Worte, in denen Jesus gegen den Reichtum kämpft, dürfen wieder nicht so mißverstanden werden, als stelle er nun die allgemeingültige Forderung auf, daß jeder seine Güter hergeben solle, als predige er das Ideal der Armut, als fordere er die Askese. Der Begriff eines Ideals, das durch das Handeln verwirklicht wird, ist, wie wir sahen, Jesus fremd. Nicht ein Zustand, in den man durch sein Handeln gelangen könnte, gilt als gut, sondern allein die Tat ist gut oder schlecht. Jesus sieht nur, wie der Reichtum seinen Besitzer in Anspruch nimmt, ihn zum Sklaven macht und ihm die Freiheit raubt, sich für Gott zu entscheiden. Daß man in der Nachfolge Jesu die Kraft und Freiheit haben muß, auf seinen Besitz zu verzichten, das freilich sagen seine Worte deutlich. Aber ebenso deutlich ist, daß er nicht sagen will, durch freiwillige Armut erwirbt man sich eine besondere Qualität vor Gott; d. h. nicht die Armut ist gefordert, sondern das Opfer. Das Verhalten der Urgemeinde macht das ganz klar; denn in ihr ist keineswegs die Armut als ein besonderer Vorzug empfunden worden, sondern sie galt als Not. Wohl gaben die begüterten Mitglieder der Gemeinde ihre Habe für die Gemeinschaft hin, aber freiwillig als Opfer, nicht um dadurch besondere Heiligkeit zu erwerben. Nirgends in der urchristlichen Predigt wird das Ideal der Armut verkündigt, erst später haben solche Gedanken Einfluß auf das Christentum gewonnen. Die Urchristenheit betet in der Nachfolge Jesu ganz kindlich: *Unser tägliches Brot gib uns heute!*

Jesus also verlangt keine Askese, er fordert nur die Kraft zum Opfer. Sowenig wie er den Besitz als solchen verwirft, sowenig verwirft er die Ehe und verlangt geschlechtliche Askese. Das Ideal der Jungfräulichkeit ist zwar früh in das Christentum eingedrungen; wir finden es schon in den Gemeinden des Paulus. Aber Jesus ist es gänzlich fremd; er hat nur Reinheit gefordert und die Heiligkeit der Ehe verlangt. Freilich hat auch er unter Umständen den Verzicht auf die Ehe als Opfer gefordert (Matth 19, 12). Aber es gibt kein Wort von ihm, das das geschlechtliche Leben, die Sinnlichkeit als solche für schlecht erklärte und dem jungfräulichen Stande eine besondere Heiligkeit zuspräche. Auch hier ist das Verhalten seiner Gemeinde ein deutlicher Beweis; viele seiner Jünger, auch Petrus, waren verheiratet, und keiner dachte daran, den Verzicht auf die Ehe zu fordern.

Auch das Fasten als Nahrungsaskese hat Jesus nicht gefordert. Er hat es als fromme Übung für den, dem es von Herzen kommt, anerkannt (Matth 6, 16–18). Aber das Fasten als gottgefälliges Werk, durch das der Mensch in einen besonders heiligen Zustand kommt, kennt er nicht. Man hat ihn ja selbst einen Fresser und Trinker gescholten, im Gegensatz zum Täufer Johannes, der ein Asket war (Matth 11, 19). In seiner Gemeinde ist die Sitte des regelmäßigen Fastens an zwei Wochentagen als Nachahmung der jüdischen Fastensitte bald aufgekommen; aber auch in ihr war diese Sitte nicht ein Zeichen der Askese, d. h. ein Mittel zur Heiligkeit.

Jesus also verlangt in keinem Sinne die Askese, und das ist für seine ganze Haltung höchst charakteristisch und zeigt, wie er die Stellung des Menschen vor Gott ansieht. Die Forderung der Askese nämlich beruht auf der Vorstellung, daß der Mensch sich durch sein Verhalten eine gewisse ideale oder heilige Qualität verschaffen könne, die ihm als Zustand anhaftet. Das Schwergewicht fällt also von dem

Verhalten, der Handlung, auf das, was dadurch erreicht wird. Das Handeln verliert seinen absoluten Charakter als Entscheidung des Augenblicks; es wird unter den Gesichtspunkt des Zwecks, des Ideals gestellt. Dies Ideal kann etwa das griechische Ideal des harmonischen, unabhängigen, in sich selbst wie ein Kunstwerk abgeschlossenen Menschen sein; dann wird die Askese zu einer Technik der seelischen Disziplin, der Charakterpflege wie etwa in der stoischen Philosophie. Man mag das eine Askese der Ertüchtigung nennen. Oder das Ideal kann bestimmt sein durch die Vorstellungen eines religiösen Dualismus, wonach die materielle Welt, der Körper, die Sinnlichkeit schlecht sind und der Mensch aus dieser gemeinen Natur sich emporschwingen muß zur göttlichen Natur. Wie die Gottheit nicht ißt und nicht trinkt, nicht schläft und nicht zeugt, so muß der Mensch all diesen Dingen nach Möglichkeit absagen, um göttliche Heiligkeit zu erwerben. In einem gesteigerten Gefühlsleben, in Visionen und Ekstasen, wie sie durch solche Abstinenz erzeugt oder gefördert werden, glaubt der Asket diese göttliche Natur schon in sich zu spüren. Diese Art der Askese mag als Heiligungsaskese bezeichnet werden.

Von beiden Arten der Askese ist Jesus gleich weit entfernt. Beiden ist dies gemeinsam, daß ihr Ziel die Steigerung des Lebens des Menschen ist. Aber eben nicht dies ist für Jesus der Sinn der menschlichen Existenz, sondern ihr Sinn ist der: in der Entscheidung zu stehen vor Gott, vor die Forderung des Willens Gottes gestellt zu sein, den es im konkreten Moment zu erfassen, dem es zu gehorchen gilt. Der Mensch hat sich nicht besondere Qualitäten zu verschaffen, weder eine besondere Tüchtigkeit noch eine besondere Heiligkeit, sondern er hat gehorsam zu sein, und dazu bedarf er keiner besonderen Qualitäten; denn Gott ist ihm nicht ferne, so daß es einer Technik bedürfte, um sich in seine Nähe zu bringen, sondern Gott spricht in jeder konkreten Situation zu ihm, denn jede konkrete Situation ist ein Augenblick der Entscheidung. Der Mensch hat also zu solch einem Vorhaben der Askese sozusagen gar keine Zeit. In der konkreten Situation steht der Mensch vor Gott, d. h. in dieser Welt, in dieser Natur; es gilt also nicht erst in ein Jenseits der Gegenwart oder der Natur zu fliehen. Nirgends redet Jesus davon, daß die Natur schlecht sei, daß man deshalb dies und das nicht haben oder nicht tun dürfe. Schlecht ist der Wille des Menschen, der ungehorsam ist; ihn gilt es zu beugen, nicht die Natur zu verneinen. Jesus hat, wie wir schon früher sahen, den Gedanken der »Natur« gar nicht. Da er die Existenz des Menschen als durch Gott bestimmt ansieht, existieren nicht noch andere Mächte für den Menschen neben Gott, mit denen der Mensch sich vorher auseinandersetzen müßte, um zu Gott zu gelangen. Vielmehr kommt das, was wir Natur nennen, für ihn nur so weit in den Blick, als dadurch die durch den Entscheidungsgedanken bedingte Gegenwart des Menschen charakterisiert wird; d. h. die Natur kommt gar nicht in Frage als etwas, was »objektiv«, losgelöst von dem handelnden Menschen betrachtet werden könnte, sondern nur, sofern in ihr die Mannigfaltigkeit der Möglichkeiten für das Handeln des Menschen vorliegt.

So kann denn auch Gott selbst nicht unter dem Gedanken der Natur betrachtet werden. Und jede Heiligungsaskese, die sich göttliche Natur erwerben will, muß Jesus gänzlich fremd sein. Denn so etwas wie göttliche Natur gibt es für ihn gar nicht; das ist ein spezifisch hellenistischer Gedanke. Gott ist für Jesus die Macht, die den Menschen in die Situation der Entscheidung stellt, die ihm in der Forderung des Guten begegnet, die seine Zukunft bestimmt. Gott kann also gar nicht »objektiv« betrachtet werden als eine Natur, die in sich selbst ruht, sondern nur in der wirklichen Erfassung seiner Existenz kann der Mensch auch Gott erfassen. Wenn er ihn hier nicht findet, wird er ihn in keiner Natur finden.

Die Konsequenzen dieses Gottesgedankens werden noch weiter zu erwägen sein. Hier handelt es sich zunächst darum, zu erkennen, daß für Jesus der Wille Gottes in keinem Sinn die Forderung der Askese bedeutet, daß seine Stellung zum Reichtum wie zu allen »natürlichen« Gaben durch den Gedanken des Opfers bestimmt ist. Deshalb kann man auch Jesu Stellung zum Besitz nicht aus sozialen Idealen oder gar aus sozialistischen und proletarischen Instinkten oder Motiven erklären. Wohl werden die Armen und Hungernden gepriesen, weil die Gottesherrschaft ihrer Not ein Ende macht (Luk 6, 20 u. 21), aber die Gottesherrschaft ist keine ideale Sozialordnung. Umsturzgedanken und revolutionäre Worte fehlen in Jesu Verkündigung. Wenn man daran denkt, welche Pracht der Bauten sich unter Herodes und seinen Nachfolgern in Jerusalem und anderen jüdischen Städten erhob – Paläste, Theater, Hippodrome usw. – und daß nichts davon in der evangelischen Überlieferung erwähnt ist, daß man überhaupt aus der evangelischen Überlieferung über die wirtschaftlichen Verhältnisse in Palästina nichts weiter erfährt, als daß es Bauern und Fischer, Handwerker und Kaufleute, Reiche und Arme gab (und alles dies nur ganz gelegentlich, meist aus den Gleichnissen), so sieht man deutlich, daß alle diese Dinge für Jesus und seine Gemeinde keine Rolle spielten, daß man nicht mit neidischen, verlangenden Augen danach sah oder seine Phantasie mit Bildern ihres Unterganges oder mit den Hoffnungen, selbst noch größere Herrlichkeiten zu erhalten, spielen ließ. Es gibt nur ein Stück in der evangelischen Überlieferung, in dem ein Reicher nur deshalb, weil er reich ist, als des Höllenfeuers für würdig erklärt und ein Armer nur deshalb, weil er arm ist, als wert befunden wird, von den Engeln in Abrahams Schoß getragen zu werden, die Geschichte vom reichen Mann und armen Lazarus (Luk 16, 19–26). Vielleicht soll diese Geschichte nur drastisch zeigen, daß angesichts des Todes ein Armer besser dran sein kann als ein Reicher. Aber sie steht ganz vereinzelt da und ist vielleicht kein echtes Stück der Predigt Jesu.

Sowenig wie Jesus diese Welt und ihre Ordnungen asketisch verneint oder kritisch an dem Maßstabe eines sozialen Ideals mißt, sowenig würdigt er positiv die Pflichten, die aus dem Leben in dieser Welt und ihren Ordnungen erwachsen. Aus dem Willen Gottes wird nicht ein Programm für die Weltgestaltung abgeleitet. Er redet nicht vom Wert der Ehe und der Familie für die Persönlichkeit und für die Gemeinschaft. Wohl von der Heiligkeit und Unauflöslichkeit der Ehe für den, der sie geschlossen hat (Matth 5, 31 u. 32; Luk 16, 18). Aber er fordert auch die Lösung aller Familienbeziehungen und den Verzicht auf die Ehe als Opfer, das um der Entscheidung willen verlangt werden kann (Matth 8, 22; 19, 12; Luk 14, 26), wie er selbst seine Verwandten abweist und nur die seine Brüder und Schwestern nennt, die den Willen Gottes tun (Mark 3, 31–35). Seine Haltung ist also die einer charakteristischen Zweideutigkeit, die jeder mißverstehen muß, der den Gedanken der Entscheidung nicht erfaßt hat. Weder ist die Ehe als solche ein Gut noch die Ehelosigkeit; beides kann vom Menschen gefordert sein. Wie er sich entscheiden muß, wird er wissen, wenn er nicht nach seinen Ansprüchen, sondern nach Gottes Willen fragt.

Vom Besitz redet Jesus nur als vom Reichtum, der dem Menschen zur Fessel wird; daß der Besitz auch anders als zum Genusse, nämlich zum Dienst an der Allgemeinheit verwandt werden kann, etwa wenn er als Produktionsmittel dient, dieser Gedanke liegt Jesus gänzlich fern, und er kann ihm fern bleiben; denn ob sein Besitz solchen Charakter hat, das hat ja jeder für sich selbst zu entscheiden, und keine Wirtschaftstheorie über den Produktionswert des Besitzes entlastet ihn von der Verantwortung der eigenen Entscheidung.

Vom Wert der Arbeit redet Jesus nicht. Daran wird wieder deutlich, daß er sich nicht für Charakterbildung, Persönlichkeitswerte und dergleichen interessiert. Ebensowenig aber denkt Jesus an den Wert der Arbeit für die Gemeinschaft und für die Kultur. Sowenig man daraus folgern kann, daß für den Menschen, wie Jesus ihn sieht, vor Gott gestellt, die Arbeit nie Pflicht sein könne – denn das ist ja der Entscheidung des einzelnen anheimgegeben –, so klar ist andrerseits, daß für die Anschauung Jesu von einem allgemeingültigen Wert der Arbeit nicht die Rede sein kann. Sie ist eine Möglichkeit, die in das Licht der Entscheidung treten kann, aber keine ein für allemal gültige Forderung.

Im Unterschied von den alttestamentlichen Propheten redet Jesus nicht vom Staat und Rechtsleben. Der Kampf der Propheten gegen den falschen Gottesdienst in Israel ging Hand in Hand mit dem Kampf gegen die politischen und sozialen Schäden. Ihre Predigt forderte Recht und Gerechtigkeit für die Volksgemeinschaft, und zwar wurde diese Forderung von ihnen als die Forderung Gottes erhoben. Jesu Worte in der Bergpredigt zeigten, daß Jesus der Forderung des Rechtes den Willen Gottes gegenüberstellt. Gleichwohl besteht zwischen der prophetischen Auffassung vom Willen Gottes und derjenigen Jesu eine tiefe Gemeinsamkeit. Die Propheten standen einer Frömmigkeit gegenüber, die der Meinung war, der Mensch könne durch die sorgsame Erfüllung der Kultus- und Reinheitsvorschriften dem Willen Gottes Genüge tun und könne im übrigen seinem Eigenwillen folgen. Gegenüber solcher Anschauung und gegenüber dem daraus erwachsenden Leichtsinn, der Härte und sozialen Ungerechtigkeit verkündigten die Propheten Recht und Gerechtigkeit als die Forderung Gottes. Der Sinn des Rechtes war für sie, daß es den menschlichen Eigenwillen bändigt und das Gemeinschaftsleben in Ordnungen bindet. Aber die Geschichte zeigte – hier wie auch sonst –, daß der Mensch es versteht, das Recht, dem er dienen soll, in seinen Dienst zu ziehen. Er versteht es, bei formalem Gesetzesgehorsam seinem Eigenwillen einen Raum zu schaffen; er versteht es, gerade dem Nächsten gegenüber, zu dessen Dienst ihn das Recht verpflichten will, auf sein Recht zu pochen. Aus dem Wissen um diese Verderbtheit des Menschen heraus bemüht sich Jesus, wie wir schon sahen, nicht, ein besseres Recht zu schaffen, sondern er zeigt, daß Gottes Wille – der freilich auch im Recht laut werden kann – den Menschen über das Recht hinaus beansprucht.

Das bedeutet natürlich nicht, daß Jesus die Rechtsordnung als solche für das menschliche Gemeinschaftsleben beseitigen wollte, daß er – wie etwa Tolstoi ihn mißverstanden hat – einen Anarchismus vertrete. Sondern es zeigt einfach, daß Jesus seinen Auftrag nicht in der Herstellung eines idealen menschlichen Gemeinwesens, sondern in der Verkündigung des Willens Gottes sah. Zweifellos ließ schon seine Erwartung des bevorstehenden Hereinbrechens der Gottesherrschaft die Frage nach den irdischen Ordnungen von Volk und Staat aus seinem Gesichtskreis verschwinden. Indessen reicht diese Erklärung ja deshalb nicht aus, weil, wenn Jesus überhaupt ein Interesse an der Gestaltung der Volksgemeinschaft genommen hätte, seine Hoffnung doch auch die Züge dieses Interesses getragen haben würde, wie es die jüdische Hoffnung tat. So heißt es z. B. in einem jüdischen messianischen Psalm vom Messias:

> *Sammeln wird er ein heiliges Volk und es regieren in*
> *Gerechtigkeit.*
> *Recht sprechen wird er den Stämmen des Volkes, das vom*
> *Herrn seinem Gott geheiligt ist.*
> *Und er wird kein Unrecht mehr in ihrer Mitte weilen lassen,*
> *Und keiner darf bei ihnen wohnen, der sich mit*
> *Bösem abgibt ...*
> *Und er wird sie verteilen nach ihren Stämmen über das Land,*
> *Und kein Beisasse und Fremder darf mehr bei ihnen wohnen.*
> *Er wird Recht sprechen Völkern und Stämmen in der Weisheit*
> *seiner Gerechtigkeit* (Ps. Sal 17, 28–31).

Bei Jesus erhält die Hoffnung nie diese Züge, und das wird man daraus begreifen müssen, daß es ihm nur darauf ankommt, die Stellung des Menschen vor Gott zu kennzeichnen. Welche Möglichkeiten politischer Betätigung für den einzelnen aus dieser Stellung erwachsen, was im konkreten Fall seine konkrete Pflicht ist, hat er selbst zu entscheiden. Auch in die Gemeinde Jesu sind später die Wünsche politischer Phantasien nur spärlich in die Hoffnung auf die Gottesherrschaft eingedrungen, wie in dem Jesus in den Mund gelegten Wort, das den »Zwölfen« das Regentenamt in der Gottesherrschaft verheißt (Matth 19, 28 bzw. Luk 22, 29).

Der Wille Gottes ist also für Jesus sowenig ein soziales oder politisches Programm wie ein ethisches System, das von einem Idealbild des Menschen und der Menschheit ausgeht, oder eine Wertethik. Er kennt nicht den Begriff der Persönlichkeit und der Tugend (auch bei ihm fehlt dies Wort, das sich erst im hellenistischen Christentum findet); und wie er keine Tugendlehre hat, so keine Pflichtenlehre, keine Güterlehre. Es genügt, daß der Mensch wisse, daß Gott ihn in seiner konkreten Lebenssituation, im Hier und Jetzt, in die Entscheidung gestellt hat. Und dies bedeutet eben, daß er selbst wissen muß, was von ihm gefordert ist, und daß ihm keine Autorität und keine Theorie diese Verantwortung abnehmen kann. Ist der Mensch wirklich dazu bereit, so gleicht er dem guten Baum, der gute Früchte bringt, dann ist sein »Herz« gut, und *der gute Mensch bringt aus dem guten Schatz seines Herzens das Gute hervor, und der böse bringt aus dem bösen das Böse hervor* (Luk 6, 45). Wer den Verwundeten am Wege liegen sieht, der weiß ohne äußeres Gebot, daß es gilt, ihm zu helfen. Wer dem Kranken und Bedrückten begegnet, der weiß, daß kein Sabbatgebot die Pflicht zu helfen hindern kann. In allem guten Handeln kommt es zum Vorschein, ob der Mensch Gottes Willen tun will, d. h. ob er ganz gehorsam sein will, ganz auf eigene Ansprüche verzichten will, ob er den natürlichen Willen mit seinen Ansprüchen beugen will. Das bedeutet von selbst die Forderung der Wahrhaftigkeit und Reinheit, das bedeutet von selbst die Verwerfung aller Heuchelei, Eitelkeit, Gier und Unreinheit. Ein solcher Mensch braucht für sein Verhalten anderen Menschen gegenüber keine besonderen Vorschriften; sein Verhalten ist bestimmt durch den Verzicht auf den eigenen Anspruch.

Ihr wißt: die als die Fürsten der Völker gelten,
   Die schalten als Herren über sie,
   Und ihre Großen üben über sie Gewalt.
So aber gilt es nicht bei euch,
   Sondern wer groß sein will bei euch, der sei euer Diener,
   Und wer der Erste sein will bei euch, der sei der Knecht
      aller (Mark 10, 42–44).
Ihr sollt euch nicht Rabbi nennen lassen,
Denn einer ist euer Lehrer (nämlich Gott), ihr aber seid
Auch Vater nennt euch nicht auf Erden,   [alle Brüder.
Denn einer ist euer Vater, der im Himmel.
Der Größte unter euch soll euer Diener sein.
Wer sich erhöht, der soll erniedrigt werden,
Und wer sich erniedrigt, der soll erhöht werden.
                              (Matth 23, 8–9. 11–12)

Das Gebot der Liebe

Dies Verhalten den andern gegenüber läßt sich zusammenfassen in das Gebot der Liebe. Dies Gebot gilt allgemein als die eigentliche christliche Forderung, als die neue Ethik, die Jesus gebracht habe.

Will man die Forderung der Liebe bei Jesus richtig verstehen, so muß man zuerst zweierlei beachten. Nämlich erstens, daß das Wort Liebe und das Gebot der Liebe in den Worten Jesu merkwürdig selten vorkommt, und zwar nur in der Bergpredigt als die Forderung der Feindesliebe (Matth 5, 43–48) und in der Antwort auf die Frage nach dem höchsten Gebot als die neben der Gottesliebe stehende Forderung der Nächstenliebe. Also wohl an betonten Stellen, jedoch so selten, daß man deutlich sieht, weder Jesus noch seine Gemeinde haben gedacht, mit der Liebesforderung ein besonderes Programm der Ethik aufzustellen. Vielmehr fügt sich die Liebesforderung ganz in die allgemeine Forderung, den Willen Gottes zu tun; oder besser gesagt: diese Forderung läßt sich, sofern sie das Verhalten zu den andern Menschen bestimmt, als das Gebot der Liebe bezeichnen. Damit ist auch das Zweite gesagt, nämlich daß weder Jesus noch seine Gemeinde dachten, daß das Liebesgebot eine neue Forderung sei, die man bisher nicht gekannt habe. In der Tat gilt nicht nur in der jüdischen Literatur vielfach das »Liebe deinen Nächsten wie dich selbst« als Zusammenfassung des Gesetzes (wie ja auch Paulus sagt, daß die Liebe die Erfüllung des Gesetzes bedeutet, Röm 13, 8–10); sondern auch in heidnischer Literatur gilt die Liebe, die Menschenliebe und auch die Feindesliebe, als eine der höchsten Tugenden. So heißt es z. B. bei dem stoischen Philosophen Seneca: »Laßt uns nicht müde werden, uns für das allgemeine Wohl zu mühen, den einzelnen zu helfen, Hilfe zu bringen auch den Feinden.« An anderer Stelle setzt er sich auseinander mit dem Einwand des natürlichen Gefühls: »Aber der Zorn gewährt doch ein Behagen! Es ist doch erquickend, den Schmerz zu vergelten!« Er antwortet: »Nein! Wohl ist es bei Wohltaten ehrenvoll, Gutes mit Gutem zu vergelten; aber nicht ebenso Unrecht mit Unrecht. Dort ist es schmählich, sich besiegen zu lassen; hier ist es schmählich, zu siegen.«

Es ist aber deutlich, daß hier die Liebesforderung durch den Humanitätsgedanken begründet ist. Zum Ideal des Menschen gehört es, daß er sich durch Unrecht, das ihm widerfährt, nicht aus seiner Ruhe, aus der Harmonie seines seelischen Gleichgewichts bringen läßt. Das wäre schmählich; er muß sich so in der Gewalt haben, über solche sittliche Energie verfügen, daß er über Zorn und Rachsucht erhaben ist. Hat ihn einer geschlagen, das sei ihm so viel, als habe ein Esel ihn getreten; hat ihn einer angespien, das sei ihm so viel, als habe das Meer ihn mit seinem Schaum bespritzt. Wer wird sich darüber aufregen! Ganz anders ist die Liebesforderung bei Jesus begründet, nicht in dem Gedanken der Charakterstärke und persönlichen Würde, sondern im Gedanken des Gehorsams, des Verzichts auf den eigenen Anspruch.

Es kommt noch eines hinzu; denn in der klassischen Literatur wird die Forderung der Liebe noch durch einen anderen Gedanken begründet, den Seneca deutlich zum Ausdruck bringt in den kurzen Worten: »Der Mensch ist für den Menschen etwas Heiliges«. Auch diese Motivierung geht vom Menschen aus; für sie steht der Selbstwert des Menschen als etwas Gegebenes fest. Weil der Mensch etwas Wertvolles, Heiliges ist, deshalb gilt die Forderung der Menschenliebe, der Philanthropie; und ihre höchste Krönung ist die Feindesliebe. Bei Jesus ist die Liebesforderung nicht begründet durch den Hinweis auf den Wert des andern als Menschen, sondern durch seine Bedürftigkeit in der konkreten Situation; und die Feindesliebe ist nicht der Höhepunkt der allgemeinen Menschenliebe, sondern der Höhepunkt der Selbstüberwindung, des Verzichts auf den eigenen Anspruch.

Für Jesus ist also die Liebe weder als Tugend gedacht, die zur Vollkommenheit des Menschen gehört, noch als Hilfe für das Wohl der Gemeinschaft, sondern als die Selbstüberwindung des Willens in der konkreten Lebenssituation, in der der Mensch dem andern Menschen gegenübersteht. Deshalb kann die Liebesforderung Jesu auch nicht in ihrem Inhalt näher bestimmt werden oder als ein ethisches Prinzip angesehen werden, aus dem man einzelne konkrete Forderungen ableiten kann, wie das möglich wäre für das humanistische Liebesgebot, das auf einem bestimmten Ideal vom Menschen beruht. Was man tun muß, um den Nächsten, um den Feind zu lieben, wird nicht gesagt. Es wird vorausgesetzt, daß jedermann das wissen kann, und deshalb ist Jesu Liebesforderung auch gar nicht die Offenbarung eines neuen Prinzips der Ethik oder einer neuen Auffassung von der Würde des Menschen. In der Liebe gewinnt der Mensch nicht einen unendlichen Wert seiner »Seele« und bekommt dadurch etwa teil am Wesen Gottes; sondern die Liebe ist einfach die Forderung des Gehorsams und zeigt, wie dieser Gehorsam in der konkreten Lebenssituation, in der Mensch mit Mensch verbunden ist, geübt werden kann und soll.

Eben dies geht hervor aus der Verbindung des Gebotes der Nächstenliebe mit dem Gebot der Gottesliebe. Auch diese Verbindung ist an sich nicht ein besonderer neuer Gedanke, den nicht das Judentum auch schon gehabt hätte. Das läßt noch die Erzählung vom »höchsten Gebot« selbst erkennen.

Es trat ein Schriftgelehrter hinzu, der sie (Jesus und die Saddu-
zäer) hatte streiten hören und gemerkt hatte, daß Jesus ihnen gut
geantwortet hatte. Er fragte ihn: Welches Gebot ist das oberste von
allen?

Jesus antwortete: Das oberste ist dies: Höre, Israel, der Herr unser
Gott ist der Herr allein, und du sollst den Herrn deinen Gott lieben
von ganzem Herzen und von ganzer Seele und mit ganzer Kraft.
Das zweite ist dies: Du sollst deinen Nächsten lieben wie dich selbst.
Ein größeres Gebot als diese gibt es nicht.

Da sagte der Schriftgelehrte zu ihm: Gut, Meister, du hast nach
der Wahrheit gesagt: es ist Einer und keiner neben ihm. Und ihn lie-
ben von ganzem Herzen und von ganzem Gemüt und mit ganzer
Kraft, und seinen Nächsten lieben wie sich selbst, das ist mehr wert
als alle Brandopfer und anderen Opfer.

Und Jesus sah, daß er verständig geantwortet hatte, und sagte zu
ihm: du bist nicht ferne von der Gottesherrschaft (Mark 12, 28–34).

Man kann und muß nur sagen, daß dieses Doppelgebot, indem es
im Zusammenhang mit der Verkündigung Jesu erscheint, seinen vollen Ernst gewinnt. Sein Sinn ist dann dieser: die beiden Gebote: Gott
zu lieben und den Nächsten zu lieben sind nicht etwa identisch, so
daß die Nächstenliebe ohne weiteres die Liebe zu Gott wäre. Dieses
Mißverständnis kann nur da aufkommen, wo man Nächstenliebe im
philanthropischen Sinn auffaßt, wo man im Menschen einen Eigenwert, ein Göttliches sieht. Da hat man in Wahrheit die Beziehung zu
Gott verloren und ersetzt sie durch die Beziehung zu den Menschen:
man kann doch nicht Gott lieben, also liebe man die Menschen, eben
darin liebt man Gott! – Nein! Vielmehr ist das oberste Gesetz dies:
Gott zu lieben, den eigenen Willen in Gehorsam dem göttlichen beugen. Und dies erste Gebot bestimmt den Sinn des zweiten. Nämlich
so, daß die Haltung, die ich zum Nächsten einnehme, bestimmt ist
durch die Haltung, die ich vor Gott einnehme: als Gott Gehorsamer,
der seinen selbstischen Willen überwindet, auf die Ansprüche seines
Selbst verzichtet, stehe ich dem Nächsten gegenüber, zum Opfer bereit wie für Gott so für den Nächsten.

Und umgekehrt bestimmt das zweite Gebot den Sinn des ersten:
indem ich den Nächsten liebe, bewähre ich meinen Gehorsam gegen
Gott. Es gibt also keinen Gehorsam gegen Gott sozusagen im luft-
leeren Raume, keinen Gehorsam losgelöst von der konkreten Situation, in der ich als Mensch unter Menschen stehe, keinen Gehorsam,
der sich direkt auf Gott richtete. Was ich dem Nächsten erweise an

Güte, Mitleid, Erbarmen usw., ist nicht etwas, was ich für Gott tue, sondern was ich wirklich für den Nächsten tue; der Nächste ist also nicht gleichsam ein Werkzeug, mittels dessen ich die Gottesliebe übte, und die Nächstenliebe kann nicht gleichsam mit einem Seitenblick auf Gott geübt werden. Sondern wie ich den Nächsten nur lieben kann, wenn ich meinen Willen ganz hingebe an Gottes Willen, so kann ich Gott nur lieben, indem ich will, was er will, indem ich den Nächsten wirklich liebe.

Und diese Liebe ist, sowenig sie ein Prinzip ist, aus dem konkrete Forderungen abgeleitet werden können, keineswegs inhaltleer, so daß ich fragen müßte: was soll ich denn nun eigentlich tun, um zu lieben? Wer so fragt, hat offenbar nicht verstanden, was es heißt, seinen Nächsten lieben wie sich selbst; denn was es heißt: sich selbst zu lieben, das weiß er doch sehr gut, und zwar ohne eine Theorie und ein System über das Selbst. Denn Selbstliebe ist nicht ein Prinzip der Moral, sondern die Haltung des natürlichen Menschen. Soll ich also meinen Nächsten lieben wie mich selbst, so kenne ich in der konkreten Situation offenbar gut die Richtung meines Handelns. Mit Recht sagt Kierkegaard: »Soll man den Nächsten lieben *wie sich selbst*, so dreht das Gebot wie mit einem Dietrich das Schloß der Selbstliebe auf und entreißt sie dem Menschen. Wäre das Gebot der Nächstenliebe anders ausgedrückt als durch das Wörtlein *wie dich selbst*, das so leicht zu handhaben ist und doch die Spannkraft der Ewigkeit hat, so könnte das Gebot die Selbstliebe nicht so bemeistern. Dies *wie dich selbst* läßt sich nicht drehen noch deuteln; mit der Schärfe der Ewigkeit richtend, dringt es in den innersten Schlupfwinkel ein, wo ein Mensch sich selbst liebt; es läßt der Selbstliebe nicht die leiseste Entschuldigung übrig, nicht die mindeste Ausflucht offen. Wie wunderbar! Man könnte ja lange und scharfsinnige Reden darüber halten, wie ein Mensch seinen Nächsten lieben solle, und immer würde die Selbstliebe noch Entschuldigungen und Ausflüchte vorzubringen wissen, weil die Sache doch nicht ganz erschöpft, ein Fall übergangen, ein Punkt nicht genau oder bindend genug ausgedrückt und beschrieben wäre. Aber dieses *wie dich selbst* – ja kein Ringer kann seinen Gegner so fest, so unentrinnbar umklammern, wie dies Gebot die Selbstliebe umklammert.«

Es ist also sinnlos, wenn man – und das ist wieder nur bei einem humanistischen Menschenideal möglich – sagt: der Nächstenliebe müsse doch eine berechtigte Selbstliebe, ein notwendiges Maß von Selbstachtung vorausgehen, denn es heiße doch: du sollst deinen Näch-

sten lieben wie dich selbst. Selbstliebe sei also vorausgesetzt. Ja sie ist
in der Tat vorausgesetzt, aber nicht als etwas, was der Mensch erst lernen muß, was von ihm ausdrücklich gefordert werden muß, sondern
als die Haltung des natürlichen Menschen, die es eben zu überwinden
gilt. Es gehört zu dieser geforderten Nächstenliebe unter anderem
die Bereitschaft, seinem Nächsten zu vergeben, und diese Bereitschaft
charakterisiert wohl die Liebe, die hier gefordert ist, am deutlich-
sten. Denn ist der Gedanke des Vergebens ernst genommen, so ist
diese Forderung die schwerste, die der natürlichen Selbstliebe entge-
gentreten kann. Auf die Rache verzichten, dem Feinde wohltun, selbst
für ihn beten, – zu alledem mag man sich entschließen können. Aber
ihm vergeben? Das ist offenbar nur möglich, wenn man ihn wirklich liebt. Wie ernst aber die Forderung des Vergebens gemeint ist,
zeigt Jesu Antwort auf die Frage: *Wie oft muß ich meinem Bruder
vergeben, wenn er gegen mich sündigt? Ist es genug siebenmal? Je-*
sus antwortet: *Ich sage dir, nicht siebenmal, sondern siebzig mal
siebenmal* (Matth 18, 21 f). Das heißt: Das Vergeben ist keine ab-
gegrenzte Pflicht, deren man sich entledigen kann, sondern es entspricht notwendig der Haltung, die man dem Nächsten gegenüber
einnehmen soll, der Haltung, die keine eigenen Ansprüche kennt.

Es ist nun endlich auch deutlich, daß mit Liebe nicht ein Gefühl
gemeint ist, das das Seelenleben lebendig oder weich macht, sondern
eine bestimmte Haltung des Willens. Die Liebe zum Nächsten und
zum Feinde beruht nicht auf einem gerührten und sentimentalen
Gefühl der Sympathie oder Bewunderung, die auch im verworfen-
sten Subjekt noch den Funken des Göttlichen, des edlen, unverlierba-
ren Menschentums herausspürt, sondern sie beruht auf dem Befehl
Gottes. Die Liebe ist also nicht etwa ein besonders starker Affekt;
denn Gefühle und Affekte füllen in allen möglichen Nuancen und
Übergängen das menschliche Seelenleben. Wäre die Liebe Gefühl und
Affekt, so wäre denkbar, daß es neben Lieben und Hassen auch ein
Drittes gäbe, die Gleichgültigkeit. Wenn aber die Liebe das Opfer des
eigenen Willens für das Wohl des anderen im Gehorsam gegen Gott
bedeutet, so gibt es für den Menschen offenbar nur das Entweder-
Oder von Liebe und Haß. Wer nicht liebt, wer gleichgültig ist, der
steht im Bann seiner natürlichen Gefühle, seines natürlichen Selbst,
der steht im Haß. Denn nur denen wohltun, die uns wohltun, nur
gegen die liebenswürdig sein, die gegen uns liebenswürdig sind, das
heißt handeln, wie die Sünder und Heiden es auch tun, d. h. das ist
das Verhalten des natürlichen, selbstischen Menschen. Und in Wahr-

heit ist ja die Liebe, die in Sympathiegefühlen, im Affekt begründet ist, Selbstliebe; denn sie ist eine Liebe des Vorziehens, des Auswählens, und der Maßstab für das Vorziehen und Auswählen ist das Selbst; Freundschaft und Liebe der Geschlechter sind Äußerungen des natürlichen Selbst; sie sind als solche weder gut noch schlecht; sie sind schlecht, wenn der Wille des Menschen schlecht ist. Aber in ihnen die Erfüllung des göttlichen Liebesgebotes sehen, heißt dies Gebot fälschen und an Stelle der gehorsamen Nächstenliebe die Selbstliebe setzen. Denn der Nächste ist nicht dieser und jener, mit dem mich meine Sympathie verbindet, sondern es ist jeder; aber nicht im allgemeinen jeder, sondern jeder im konkreten Fall der Begegnung. Es heißt, du sollst lieben; der Wille ist angeredet, d. h. der Mensch ist angeredet unter der Voraussetzung, daß er durch Gott in die Entscheidung gestellt ist und sich durch seine freie Tat zu entscheiden hat. Nur wenn Liebe als Gefühl gedacht ist, ist es sinnlos, Liebe zu gebieten; das Gebot der Liebe zeigt, daß Liebe als Haltung des Willens gemeint ist.

Solche Liebe ist also offenbar auch nichts Schwaches und Weichliches. Sie besteht ja nicht in sentimentalen Gefühlen, und sie betrachtet den Nächsten nicht in seiner empirischen Gegebenheit als etwas besonders Köstliches, was man bewundern oder kultivieren muß. Sie ist nicht die Freude an der Individualität des andern und deren Pflege. Denn so, als Individualität, ist der Mensch ja bei Jesus überhaupt nicht gesehen. Er ist gesehen als unter der Forderung Gottes stehend. So wird wahre Nächstenliebe den Nächsten nicht verwöhnen und verweichlichen, sondern auch ihn sehen als den, der in der Entscheidung steht, und danach handeln. Oder ist nicht auch der Bußruf Jesu zu verstehen als Tun der Liebe?

Vielleicht gibt es ein Wort Jesu, das zum Schlusse deutlich zeigen kann, wie wenig man nach einer Ethik Jesu fragen darf im Sinne einer idealistischen Pflichten- und Tugendlehre oder einer Güter- oder Wertethik, wie vielmehr alle konkreten sittlichen Entscheidungen ganz der Verantwortung des Menschen zugeschoben sind und auf das eine Entweder-Oder, Gehorsam oder Ungehorsam, hinauslaufen. Es ist das Wort: *Ihr sollt vollkommen sein, wie euer himmlischer Vater vollkommen ist* (Matth 5, 48).

Das Wort ist uns freilich auch in anderer Fassung überliefert: *Ihr sollt barmherzig sein, wie euer Vater barmherzig ist* (Luk 6, 36).

Aber wahrscheinlich ist die erste Fassung des Wortes die ältere, und Lukas hat sie geändert, um dadurch den Übergang zu den im

Zusammenhang folgenden Worten zu gewinnen. Um aber das Wort zu verstehen, muß man – unter der Voraussetzung, daß es sich um ein echtes, also nicht griechisch, sondern aramäisch gesprochenes Wort handelt – bedenken, daß man hier nicht den griechischen Vollkommenheitsbegriff hineinbringen darf. Für diesen ist das Vollkommene das Ideale, die höchste Möglichkeit eines Verhaltens, das verschiedene Stufen durchlaufen kann; das Vollkommene ist also die Spitze aller relativen Werte. Das würde der Gottesanschauung Jesu nicht entsprechen, nach der Gott nicht in einer direkten Beziehung zu relativen Werten steht. Und es entspricht auch gar nicht dem semitischen Begriff »vollkommen«; dieser ist vielmehr ein absoluter Begriff. Er besagt etwa »heil«, »ganz«; auf den Menschen angewandt, kann er auch bedeuten »gerade«, »treu«. Danach also wäre Jesu Wort zu verstehen; es würde besagen, daß die Haltung des Menschen eine ganze, ungeteilte sein soll, kein Sowohl-Alsauch; treu und gerade, nicht schwankend, kein Hin und Her. Und diese Forderung würde begründet mit dem Hinweis auf Gottes Wesen, bei dem es auch nur ein Entweder-Oder gibt, kein Sowohl-Alsauch. Das Wort bringt also noch einmal das ganze Gewicht der Forderung Jesu zum Ausdruck: der Mensch steht in der Entscheidung, und diese Entscheidung ist für ihn nicht etwas Relatives, eine Stufe seiner Entwicklung, sondern das Entweder-Oder, das ihm von Gott gestellt ist, so daß die Entscheidung des Menschen definitiven Charakter hat; er wird in ihr zum Gerechten oder zum Sünder.

Noch einmal erhebt sich die Frage, ist diese Forderung nicht unmöglich? und wie, wenn der Mensch ein Sünder ist?

Der Wille Gottes und das Kommen der Gottesherrschaft

Ehe wir auf diese Frage eingehen, ist noch eins zu erwägen. Wie verhält sich Jesu Verkündigung des Willens Gottes zu seiner Botschaft vom Kommen der Gottesherrschaft? Man könnte auch fragen: wie verhalten sich Jesus der Rabbi und Jesus der Prophet zueinander? Und diese Frage ist jetzt nicht gemeint in bezug auf die Persönlichkeit und die Art des geschichtlichen Auftretens, sondern in bezug auf den Gehalt der Verkündigung. Läßt es sich vorstellen, daß derjenige, der als eschatologischer Prophet das Hereinbrechen der Gottesherrschaft verkündigt und Dämonen vertreibt, daß er zugleich als Rabbi seine Schüler belehrt und sich in Disputationen über Gesetzesfragen einläßt, die zu seiner Zeit aktuell waren? In welchem Sinn bilden die Verkündigung: die Gottesherrschaft ist nahe! und die Forderung: ihr sollt vollkommen sein! eine Einheit? ja, tun sie es überhaupt?

Das ist nämlich in neuerer Zeit nicht selten bestritten worden. Man könnte zwar einfach sagen: Die Erfüllung des Willens Gottes, der Gehorsam, ist die Bedingung für die Teilnahme an der Gottesherrschaft, für den Eintritt in das Reich Gottes. Das ist in gewissem Sinne richtig, aber die Antwort befriedigt doch nicht ganz. Denn dieser Zusammenhang könnte ziemlich äußerlich gedacht sein: die Teilnahme an der Gottesherrschaft erschiene als der erstrebte Lohn für den Gehorsam, und der radikale Charakter des Gehorsams wäre entwertet. Vor allem wäre von da aus die eigentümliche Art, in der Jesus vom Gehorsam redet, nicht zu verstehen. Denn als Bedingung für den Eintritt in die Gottesherrschaft lassen sich auch alle möglichen anderen Forderungen denken, z. B. die Forderung vollkommener gesetzlicher Korrektheit. Wie denn von einem Rabbi das Wort überliefert ist: *Würden die Israeliten nur zwei Sabbate streng nach dem Gesetz halten, so würden sie sofort erlöst werden.* Dergleichen sagt Jesus nicht.

Ein innerer Zusammenhang der eschatologischen Predigt und der sittlichen Forderung wäre offenbar nur dann vorhanden, wenn die kommende Gottesherrschaft so gedacht ist, daß man ohne weiteres einsieht: es kann sich um gar keine anderen Bedingungen handeln als nur um die eine, den radikalen Gehorsam. Andererseits aber auch nur dann, wenn in dieser Gehorsamsforderung nichts enthalten ist, was dem Glauben an die kommende Gottesherrschaft widerstreitet, wenn vielmehr diese Gehorsamsforderung auf das gleiche hinausläuft wie der Ruf, sich zu bereiten für die Zukunft.

Da Jesus nicht theoretische Reflexionen vorträgt, sondern sich unmittelbar an den Willen der Hörer wendet, ist die Antwort auf diese Frage nicht direkt seinen Worten zu entnehmen, sondern es bedarf der Besinnung auf die Grundanschauung, die hinter seinen Worten steht. Und es befremdet in der Tat auf den ersten Blick, daß der Prophet auch ein Rabbi gewesen sein soll, daß Gesetzesauslegung und eschatologische Predigt zusammengehören sollen. Daher ist es zu verstehen, daß manche Forscher die eschatologische Verkündigung von der kommenden Gottesherrschaft ignoriert oder umgedeutet haben. Man verstand die Gottesherrschaft etwa als einen innerlichen, geistigen Besitz oder als die geschichtliche Gemeinschaft derer, die im Gehorsam gegen Gottes Willen in sittlichem Wirken Gottes

Reich auf Erden bauen. Beides ist, wie früher gezeigt wurde, ein geschichtliches Mißverständnis, und diese Auffassungen sind heute auch fast durchweg preisgegeben. Es blieb dann noch ein anderer Ausweg; man erklärte: die eschatologische Botschaft stammt gar nicht von Jesus. Er ist nur ein Gesetzeslehrer gewesen, der eine neue Sittlichkeit, eine »bessere Gerechtigkeit« lehrte. Die eschatologische Botschaft ist ihm erst später von seiner Gemeinde in den Mund gelegt worden. Nach seinem Tode schlossen sich die anfangs verzagten Anhänger unter dem nachwirkenden Eindruck seiner Persönlichkeit zusammen, und nachdem sie in Visionen ihn als den Auferstandenen geschaut hatten, erwarteten sie, er werde als Messias, als der »Menschensohn«, wiederkommen auf den Wolken des Himmels und die Gottesherrschaft aufrichten. Aus ihrer glühenden Zukunftserwartung sind dann die eschatologischen Worte entstanden, die man Jesus in den Mund legte.

Es könnte so sein. Doch würde dann der Sinn der eschatologischen Botschaft im Grunde kein anderer sein, und es bliebe dann die Frage bestehen, ob und wie diese Botschaft und die Predigt des Willens Gottes zu einer Einheit verbunden sind in der Gemeinde. Statt der Predigt Jesu wäre die Predigt der Gemeinde zu erklären, und da es letztlich doch auf den Gehalt, den Sinn und Anspruch des in den Evangelien Überlieferten ankommt, wäre die Frage, wieviel der historische Jesus und wieviel etwa andere Personen dazu beigetragen haben, letztlich eine Nebensache.

Es könnte so sein. Aber es ist geschichtlich außerordentlich unwahrscheinlich. Denn die Sicherheit, mit der die Gemeinde Jesus die eschatologische Botschaft in den Mund legt, ist schwer begreiflich, wenn er sie nicht wirklich verkündigt hat. Auch kann die kritische Analyse der Texte vielfach feststellen, daß an eine Schicht alter eschatologischer Worte sich jüngere angesetzt haben, und diese jüngeren verraten charakteristische Interessen der Gemeinde, z. B. das Interesse an der Würde ihrer Führer und der Belohnung der Getreuen (Matth 19, 27 u. 28 bzw. Luk 22, 28 u. 29; Mark 10, 28–30) oder die Sorge um das Ausbleiben des Kommens des »Menschensohnes« (Luk 12, 35–38. 47–48; Mark 13, 31. 33–37) oder Strafandrohungen gegen die ungläubigen Juden (z. B. Matth 11, 21–24; Luk 19, 39–44; 23, 28–31). Dann aber ist es das einzig Wahrscheinliche, daß solche Worte, die gar keine Gemeindeinteressen verraten, wirklich auf Jesus zurückgehen. Vor allem aber ist die Bewegung, die Jesus entfacht hat, sein Einzug in Jerusalem und sein Ende am Kreuz geschichtlich wohl nur verständlich, wenn er wirklich als messianischer Prophet aufgetreten ist. Ja es ist sogar viel wahrscheinlicher, daß er in Wahrheit noch viel mehr eschatologischer Prophet gewesen ist, als es in der Überlieferung hervortritt.

So ist denn begreiflich, daß andere Forscher umgekehrt gemeint haben: er war nur eschatologischer Prophet, und seine Predigt vom Willen Gottes ist entweder nur im Lichte der Eschatologie zu verstehen, oder sie stammt gar nicht von ihm, sondern ist ihm erst von der Gemeinde in den Mund gelegt worden. Als nach seinem Tode die erste stürmische Bewegung sich beruhigte und seine Anhänger sich zu einer Gemeinde zusammenschlossen, da geriet man mehr und mehr in Konflikt mit dem orthodoxen Judentum, gegen das man sich abgrenzte. Aus dieser Zeit stammen die Streitigkeiten um die Gesetzesauslegung, in denen man sich auf Jesus berief und ihn damit zum Rabbi machte, der er nie gewesen war.

Auch das ist außerordentlich unwahrscheinlich. Richtig ist daran freilich eines, daß in der Tat die Gemeinde sich mehr und mehr gegen das orthodoxe Judentum abgrenzte, daß die Disputationen zwischen Jesus und seinen Gegnern jetzt als Musterbeispiele erzählt und niedergeschrieben und dabei natürlich so erzählt wurden, wie es dem Interesse der Gemeinde entsprach. Zweifellos hat man damals auch ohne kritische Bedenken Jesus Worte in den Mund gelegt, die erst in der Gemeinde entstanden waren, in der Auseinandersetzung mit den Gegnern und im Interesse der festeren Organisation der Gemeinde. So sind wahrscheinlich die meisten Worte, in denen mit Schriftbeweisen argumentiert wird, wohl erst in der Gemeinde entstanden (z. B. Matth 9, 13; 12, 5 u. 6. 7; Mark 7, 6 u. 7; 12, 26 u. 27); ebenso gewisse Vorschriften für das Gemeindeleben (Matth 5, 17–19; 18, 15–17. 18. 19 u. 20 u. a.).

Aber dagegen, daß alle Worte Jesu über das Gesetz und die Forderung Gottes erst in der Gemeinde entstanden sind, sprechen zwei entscheidende Gründe. Einmal die Tatsache, daß die Gemeinde in Jesus den Messias sah und sein Wiederkommen mit der messianischen Herrlichkeit erwartete. Daß man den, den man für den Messias hielt, zum Rabbi gemacht hätte, ist nicht glaublich; erzählte man von ihm als dem Rabbi, so muß das Bild seines geschichtlichen Wirkens als Lehrer des Gesetzes deutlich in der Erinnerung gehaftet haben; erst allmählich wurde es durch das Messiasbild verdrängt. Ferner wissen wir, daß die älteste Gemeinde mit großer Treue am Gesetz festhielt; sie hatte die zweischneidige Stellung gewisser Jesusworte zum Gesetz nicht verstanden, sondern hielt gegenüber Paulus und anderen hellenistisch-christlichen Missionaren am Ideal gesetzlicher Korrektheit fest. Es ist also nicht glaublich, daß die Worte Jesu, die in ihrem Gehalt dies Ideal erschüttern und den Geist der Gesetzlichkeit sprengen, in der Gemeinde entstanden sind; sie werden auf Jesus selbst zurückgehen. Freilich bleibt es in manchen einzelnen Fällen unsicher, was von der Gemeinde stammt, was von Jesus. Aber das wird man nicht bezweifeln können, daß die wichtigsten Worte, die den radikalen Gehorsam unter Gottes Willen fordern, wirklich Worte Jesu sind.

Es bleibt dann noch eine Auskunft, zu der man auch oft gegriffen hat. Jesu Worte vom Willen Gottes sind streng im Lichte der eschatologischen Botschaft zu verstehen. Das ist in gewissem Sinne wohl richtig, aber hier ist es in einem speziellen Sinne gemeint, den es noch zu prüfen gilt. Hier ist nämlich unter der eschatologischen Botschaft einseitig die Weissagung der dramatischen Ereignisse der Endzeit, die Weissagung des Untergangs der Welt verstanden. Aus dieser Erwartung des nahen Weltendes sei es zu verstehen, daß Jesus für die verschiedenen Gebiete des sittlichen Lebens keinen Blick gehabt hat, für Ehe und Arbeit, für den Wert von Besitz und staatlicher Ordnung. Überhaupt habe er keine absoluten Forderungen für das sittliche Verhalten geben wollen, sondern seine Ethik sei eine »Interimsethik«, d. h. seine Gebote seien nur aktuelle Verhaltungsmaßregeln für die letzte kurze Spanne Zeit, die vor dem Ende noch bleibt. Da müsse man ein übriges tun, die Energie besonders anspannen.

Nun ist gewiß richtig, daß infolge der Erwartung des nahen Endes dieser Welt Jesu Blick nicht auf viele konkrete Möglichkeiten fällt, in denen sich auf Erden der Gehorsam des Menschen bewähren kann. Aber das beweist nicht, daß der Gehorsam nicht radikal, seine Forderungen nicht absolut gemeint gewesen seien, sondern relativ, als Klugheitsmaßregeln, um sich die Teilnahme an der Gottesherrschaft zu sichern. Man braucht nur zu bedenken, daß eschatologische Erwartung an sich keineswegs notwendig mit dem Bußruf und mit der Verkündigung des Willens Gottes verbunden zu sein braucht. Mit ihr können sich wunschbegierige Phantasien von künftiger Herrlichkeit, wirtschaftliche Ideale und Hoffnungen wie Rachegedanken und Höllenphantasien ebenso verbinden. Sowohl die jüdische Apokalyptik wie die sonstige Geschichte der Eschatologie bieten genug Zeugnisse dafür. Es bliebe immer noch zu erklären, warum bei Jesus sich dergleichen nicht findet, sondern warum bei ihm die Forderung des Gehorsams Hand in Hand geht mit der Verkündigung der Zukunft. Aber sehr deutlich zeigen nun ja Jesu Worte vom Willen Gottes im einzelnen, daß sie keineswegs als Interimsethik gemeint sind. Man vergleiche nur mit Jesu Verkündigung des Willens Gottes eine Weissagung des Propheten Jeremia, um den Unterschied zu sehen:

> *Ein Wort Jahves kam zu mir:*
> *Nimm dir kein Weib;*
> > *Keine Söhne sollst du haben,*
> *Keine Töchter an diesem Ort!*
> > *Denn so hat Jahve gesprochen*
> *Über die Söhne und Töchter,*
> > *Die an diesem Ort geboren werden,*
> *Über ihre Mütter, die sie gebären,*
> > *Und über ihre Väter, die sie zeugen:*
> *Des Seuchentodes sterben sie,*
> > *Verrecken durchs Schwert, durch den Hunger.*
> *Werden zum Mist auf dem Antlitz des Ackers.*
> > *Niemand beklagt sie, niemand begräbt sie.*
> *Den Vögeln am Himmel gehören sie*
> > *Und dem Vieh auf der Erde!*
> *So hat Jahve gesprochen:*
> > *Tritt nicht ein in ein Haus, wo man Wehe schreit;*
> *Geh nicht hin zur Klage,*
> > *Mach ihnen keine Trauergebärde!*
> *Denn fortgenommen habe ich meinen Segen*
> > *Von diesem Volke.*
> *Niemand wird über sie klagen und sich die Haut ritzen,*
> > *Niemand sich scheren lassen um ihretwillen.*
> *Niemand bricht einem Trauernden Brot,*
> > *Ihn zu trösten über einen Toten,*
> *Noch gibt man ihm zu trinken aus dem Trostbecher*
> > *Wegen seines Vaters oder seiner Mutter.*
>
> *Tritt nicht ein in ein Haus, wo man Gelage hält,*
> > *Mit ihnen zu sitzen bei Speise und Trank!*
> *Denn so hat Jahve gesprochen:*
> *Hab acht, ich bringe zum Schweigen in diesem Ort*
> > *Vor euren Augen, in euren Tagen*

Jubelgesang und Freudengesang,
Bräutigamgesang und Brautgesang! (Jer 16, 1–9).

Hier sieht man deutlich, wie das Verhalten des Propheten, der Verzicht auf die Ehe, auf die Teilnahme an Totenklage und Festfreude des Volkes nicht durch die absolute Forderung des Gehorsams begründet ist, sondern durch die Voraussicht der nahen Katastrophe. Anders bei Jesu; denn weder in den Streitworten gegen die gesetzliche Frömmigkeit, noch in den Forderungen der Bergpredigt spielt der Hinweis auf das drohende Weltende irgendeine Rolle. Die Heuchelei wird gescholten ohne Drohung mit den Höllenstrafen; die Feindesliebe wird gefordert ohne die Verheißung himmlischer Wonnen. Überhaupt: der Wille Gottes verlangt ganzen Gehorsam, Verzicht auf den eigenen Anspruch. Es kann sich also nicht um eine Interimsethik, um relative Forderungen handeln, bei denen der Anspruch des Menschen nur für eine Weile zurückgestellt wird. Richtig ist aber, daß Jesu Forderungen insofern im Lichte der eschatologischen Botschaft zu verstehen sind, als in ihnen das »Jetzt« als die entscheidende Stunde erscheint.

Das aber führt darauf, wie wirklich eschatologische Botschaft und Verkündigung des Willens Gottes in ihrer Einheit zu begreifen sind. Man könnte zunächst ja darauf hinweisen, daß sich bei den großen Propheten des Alten Testaments und bei dem großen iranischen Propheten Zarathustra ein ähnliches Nebeneinander von Eschatologie und sittlicher Forderung findet. Es läßt sich in der Tat verstehen, daß der Prophet in dem Bewußtsein, den Willen Gottes neu und rein erkannt zu haben, die traurigen irdischen Verhältnisse als reif für den Untergang ansieht und eine Umwälzung aller Dinge durch gewaltige Katastrophen verkündigt. Aber wollte man so die Predigt Jesu erklären, so wäre das doch nur ein psychologisches Verständnis, keine Einsicht in den inneren sachlichen Zusammenhang von Eschatologie und Forderung.

Es ist vielmehr Folgendes zu sagen: die Schwierigkeit, das Nebeneinander als Einheit zu begreifen, entsteht im Grunde nur dadurch, daß man sowohl die Eschatologie wie die Forderung nicht in ihrem letzten entscheidenden Sinne versteht. Solange man nämlich noch von einer Ethik Jesu im üblichen Sinne redet, läßt sich in der Tat nicht verstehen, wie der Verkündiger einer Ethik zugleich das Bevorstehen des Weltendes predigen kann. Denn eine Ethik setzt das Bestehen der Welt und des Menschengeschlechtes unter den diesseitigen, uns bekannten Bedingungen voraus. Sie setzt Ideale oder zum mindesten Zwecke voraus, die durch unser Handeln verwirklicht werden sollen, sie setzt damit eine uns zur Verfügung stehende Zukunft voraus. All dies wird ja in der eschatologischen Botschaft Jesu ausdrücklich verneint; sie kennt keine Zwecke unseres Handelns, sondern nur Gottes Ziel; sie kennt keine menschliche Zukunft, sondern nur Gottes Zukunft. Aber so lernten wir ja auch Jesu Verkündigung des Willens Gottes verstehen! In ihr waren ja auch nicht dem Menschen Zwecke gesetzt und ihm die Zukunft zur Verfügung gestellt! Jedes Persönlichkeitsideal und jedes Gemeinschaftsideal, jede Wert- und Güterethik war ja abgelehnt! Es handelte sich ja in ihr nur darum, daß der Mensch das Jetzt seiner konkreten Situation als die Entscheidung, in die er gestellt ist, erfaßt und sich in ihr für Gott entscheidet und seinen natürlichen Willen opfert. Und eben dies wiederum ergab sich uns als der letzte Sinn der eschatologischen Botschaft, daß der Mensch jetzt in der Entscheidung stehe, daß immer sein Jetzt letzte Stunde für ihn sei, in der seine Entscheidung gegen die Welt, für Gott gefordert wird, in der jeder Anspruch des Menschen zu verstummen hat. Indem also die Botschaft vom Kommen der Gottesherrschaft wie vom Willen Gottes den Menschen hinweisen auf sein Jetzt als letzte Stunde im Sinne der Stunde der Entscheidung, bilden beide eine Einheit, ja sie fordern einander gegenseitig.

Denn die Gottesherrschaft bleibt so lange ein dunkles und schweigendes Etwas wie der Tod, solange nicht klar wird, daß die Forderung der Entscheidung für den Menschen einen klaren, verständlichen Sinn hat. Nur dann ist die Bestimmtheit der Gegenwart durch die Zukunft der Gottesherrschaft nicht eine Vernichtung der Gegenwart, sondern ihre Erfüllung; nur so gibt die Zukunft dem Menschen wirklich seine Existenz im Jetzt.

Umgekehrt aber ist auch der Wille Gottes, als das Jetzt des Menschen in die Entscheidung rufend, nur dann verständlich, wenn dieser Wille zugleich dem Menschen Zukunft gibt. Denn diese Entscheidung ist ja keine Wahl zwischen zwei dem Menschen zur Verfügung stehenden Möglichkeiten, sondern sie ist echte Entscheidung, d. h. das Entweder-Oder zwischen zwei Möglichkeiten, in denen der alte Mensch seinem verfügbaren Zustand entgleitet und unter die Herrschaft eines Andern gerät, freilich in jedem Fall unter die Herrschaft Gottes, aber entweder des zürnenden, richtenden Gottes oder des begnadigenden Gottes. Der Mensch wird durch die Entscheidung zum Sünder oder zum Gerechten. Echte Zukunft steht in der Entscheidung vor dem Menschen, nicht falsche Zukunft, über die er im Grunde schon verfügt, sondern Zukunft, die ihm einen Charakter geben wird, den er noch nicht hat. Das ist der Sinn des Jetzt, daß es die Notwendigkeit der Entscheidung dadurch enthält, daß es in eine Zukunft führt.

Aber um so dringlicher wird wiederum die Frage: Wie steht es mit dem Sünder? Gibt es für ihn noch Zukunft? Kann es sie noch geben, wenn er von Gott gerichtet ist? Kann für den Menschen die Freiheit der Entscheidung sich wiederholen? Oder bedeutet nicht der Ernst der letzten Stunde, daß die Entscheidung endgültig ist?

Jesu Verkündigung: Der ferne und der nahe Gott

Der jüdische Gottesgedanke

Auch hier versuchen wir den Gottesgedanken Jesu zu erfassen, indem wir ihn in den Zusammenhang der jüdischen Gottesvorstellung hineinstellen und zugleich von ihr abheben. Das Charakteristische des jüdischen Gottesgedankens und damit zugleich des Gottesgedankens Jesu wird nach der negativen Seite gleich deutlich, wenn man beobachtet, wie sich der Gottesgedanke bei denjenigen Juden in eigentümlicher Weise wandelt, die etwa in Alexandria unter dem Einfluß griechischer Philosophie standen. Hier wird nämlich Gott alsbald unter dem Gedanken des Gesetzes und des Ideals angesehen. Das entspricht dem griechischen Denken. Für dieses ist es zunächst selbstverständlich, daß Gott, wie andere Objekte der Welt, dem betrachtenden Denken unterworfen werden kann; daß es eine Theologie im eigentlichen direkten Sinne gibt. Daß das Judentum keine Theologie hat, beruht nicht auf einer Unfähigkeit oder Unentwickeltheit seines Denkens, sondern darauf, daß für das Judentum Gott von vornherein eine andere Bedeutung hat, daß er nämlich in keinem Sinne zur Welt der Objekte gehört, über die man sich durch das Denken orientiert. Man darf sich darin nicht täuschen lassen durch die Beobachtung, daß das abstrahierende Denken der Griechen es vermocht hat, das Wesen des Geistigen reiner zu erfassen, und daß es deshalb von der Gottesvorstellung mythologische, anthropomorphistische Gedanken mehr und mehr fernhält, während im Judentum naive mythologische und anthropomorphistische Aussagen von Gott zwar auch einigermaßen zurücktreten, aber keineswegs verschwinden. In Wahrheit ist im Griechentum Gott letztlich immer als ein Stück Welt oder als die Welt überhaupt angesehen worden, auch da und gerade da, wo er als Ursprung und Formprinzip der Welt gilt, das selbst jenseits der Welt der Erscheinungen liegt. Denn auch hier bilden Gott und Welt eine für das Denken erfaßbare Einheit; der Sinn der Welt wird gerade im Gottesgedanken klar. Das griechische Denken strebt deshalb zum Pantheismus, der in der stoischen Philosophie seine letzte, imponierende Verkörperung gefunden hat. Gott erscheint als das im Kosmos waltende, alle seine Erscheinungen zu ihrer Form bringende Gesetz, das von dem modernen Naturgesetz dadurch verschieden ist, daß es nicht allein und wesentlich durch den Gedanken von Ursache und Wirkung bestimmt ist, sondern vielmehr durch den Gedanken einer schöpferisch wirkenden, formgebenden Kraft. Solche Gottesvorstellung entspricht der Auffassung, die der griechische Mensch von sich selbst hat als einem Mikrokosmos, der auch von einem Gesetz (das mit dem großen Weltgesetz identisch ist) seine Form erhält, seine Form, die dem Erkennen und Wollen des Menschen als ideale Norm vorschwebt.

Wie im Judentum eine andere Auffassung vom Menschen herrscht (darüber ist in den früheren Abschnitten gehandelt worden), so entspricht dem auch eine völlig andere Auffassung von Gott. Wie nämlich der Mensch hier wesentlich gesehen ist als wollendes Wesen, so ist Gott zunächst Wille, und zwar souveräner, grundloser Wille, der über sein Wollen sich nicht durch irgendwelche Gründe vor dem Denken auszuweisen hat. Im Verhältnis zur Welt ist Gott nicht das Prinzip, der für das Denken einsichtige Ursprung, aus dem ihre Entstehung abgeleitet werden kann; nicht die formgebende Kraft, die ihrem Geschehen in all seinen Gestalten immanent ist, nicht das Weltgesetz, sondern der schöpferische Wille. Er gebietet, dann geschieht es; er befiehlt, dann steht es da (Psalm 33, 9). Zu seiner Ehre hat er die Welt geschaffen, und alle seine Werke müssen ihn preisen.

> *Sie warten alle auf dich,*
> > *Daß du ihnen gebest zur rechten Zeit.*
> *Du gibst ihnen, sie lesen's auf,*
> > *Du tust deine Hand auf, sie werden guter Dinge satt.*
> *Du verbirgst dein Antlitz, – sie erschrecken.*
> *Du ziehst ihren Odem ein, – sie verscheiden*
> > *Und kehren zurück zum Staub, der sie waren.*
> *Du lässest aus deinen Odem, – sie werden geschaffen,*
> > *Und du machst neu das Antlitz der Erde.*
>
> (Psalm 104, 27–30)

Gott ist der Schöpfer, das bedeutet nicht, daß er irgendwelcher vorhandenen Materie die Form gegeben hat, sondern daß er nach seinem Willen die Welt geschaffen hat. Im späten Judentum ist dieser Gedanke zu seiner Reinheit entwickelt worden, indem ausdrücklich gesagt wird, daß Gott die Welt aus dem Nichts geschaffen habe.

Im Verhältnis zum Menschen ist Gott der souveräne Herr, der mit dem Menschen nach seinem Willen umgeht wie der Töpfer mit dem Lehm, der verstockt, wen er will, und sich erbarmt, wessen er will. Sein Wille hat dem Menschen gesagt, was gut und böse ist. Nicht ein Idealbild, das rein ausspricht, was im Menschen angelegt ist, bestimmt mit seiner formgebenden Kraft das Handeln des Menschen, sondern der Mensch hat einzig zu fragen, was der Herr fordert; er hat nicht sein Menschentum zu reiner Gestalt zu bringen, sondern er hat gehorsam zu sein. Ganz kraß kommt ja diese Anschauung zur Geltung in der Vorstellung vom Gesetz, das auch da, wo es dem Menschen ganz unverständlich ist, Gehorsam fordert. Es wird deshalb auch nicht im Menschen unterschieden zwischen dem Sinnlich-Triebhaften und dem Geistigen, durch das jenes Niedere sein Gesetz und seine Form erhält. Sondern der Mensch wird einheitlich gesehen als bestimmt durch seinen guten oder bösen Willen.

Ebenso ist aber der jüdische Gottesgedanke negativ abzugrenzen von jedem metaphysischen Dualismus. Zwar hat der persische Dualismus die jüdische Vorstellungswelt in später Zeit beeinflußt, namentlich ist aus ihm die Vorstellung vom Satan in das Judentum eingedrungen. Aber die Eigenart des jüdischen Gottesgedankens ist, wenn es auch nicht zu gedanklicher Klarheit gekommen ist, erhalten geblieben. Gott und Welt stehen sich nicht gegenüber als zwei feindliche Naturen oder Substanzen. Der Schöpfergedanke ist nie preisgegeben worden, und der Welt wird nie ein Eigenrecht oder eine Eigenmacht zugeschrieben; Gott ist der Allmächtige, trotz des Satans, den er für eine Weile sein Wesen treiben läßt. Und wenn Gott und Mensch einander schroff gegenübergestellt werden als Schöpfer und Geschöpf, als der Heilige und der Sünder, so wird dieser Unterschied doch nie als der Unterschied von zwei Naturen angesehen und die Erlösung des Menschen etwa als die Befreiung von einer minderwertigen Natur und als Begabung mit einer höheren Natur vorgestellt. Eigentliche Sakramentsfrömmigkeit und eigentliche Askese fehlen deshalb im echten Judentum, wie überhaupt der dem metaphysischen Dualismus zugrunde liegende Begriff der Natur fehlt. Welt und Mensch sind Geschöpfe Gottes und also nicht von Natur schlecht; sie sind verdorben durch die Sünde, und die Sünde ist nicht eine naturhafte Beschaffenheit, sondern der böse Wille des Menschen. Gott ist für den Menschen nicht eine fremde Natur, nicht der »Unbekannte«, sondern der Schöpfer, der in seinem Gesetz Wohlbekannte, und deshalb auch der Richter.

Mit alledem ist nicht etwa eine Vorgeschichte des Gottesgedankens Jesu gegeben, sondern der Gottesgedanke Jesu selbst charakterisiert. Denn all diese Eigentümlichkeiten sind selbstverständlich für Jesus als Juden, und sie sind in seiner Verkündigung deutlich vorausgesetzt. Es ist jedoch damit wesentlich nur eine negative Abgrenzung vorgenommen, und es gilt nun, sich deutlicher auf den positiven Charakter des Gottesgedankens des Judentums und damit auch Jesu zu besinnen.

Entscheidend ist für den jüdischen Gottesgedanken die eigentümliche Verbindung, in der die Vorstellung von der Überweltlichkeit, Jenseitigkeit Gottes steht mit der Vorstellung von der Bezogenheit der Welt auf Gott oder der Richtung Gottes auf die Welt, einfacher gesagt: die Verbindung der Ferne und der Nähe Gottes. Denn daß Gott der ferne ist weit über Welt und Mensch, ist ein ebenso notwendiger Bestandteil des Gottesgedankens wie das andere, daß er gleichwohl der beständig nahe ist. Der erste Gedanke tritt im späten Judentum – zum Teil unter fremden Einflüssen – besonders stark hervor. Zunächst einfach dadurch, daß der Monotheismus immer reiner entwickelt wurde. Denn war es auch für das alte Israel selbstverständlich, daß Israel nur einen Gott und Herrn anrufen dürfe, so war es doch ebenso selbstverständlich, daß andere Völker andere Götter haben, mag Jahve, Israels Gott, auch der mächtigste sein. Im späten Judentum gilt Jahve dagegen als der einzige Gott überhaupt. Und dieser Monotheismus ist hier nicht wie im Griechentum das Ergebnis der philosophischen Reflexion, die nach einem einheitlichen Ursprung und Prinzip fragt im Interesse des betrachtenden Verständnisses der Welt, sondern der Glaube an den einen Gott bringt nur überhaupt den Gottesgedanken selbst zu klarem Ausdruck. Denn bei der Annahme mehrerer Götter ist der Gottesgedanke überhaupt noch nicht klar gedacht: Gott wäre ein Weltwesen, deren mehrere denkbar sind. Im jüdischen Monotheismus prägt sich nicht ein philosophisches Weltverständnis, sondern der Glaube an die Überweltlichkeit Gottes, an den Schöpfergott, aus. Dafür ist auch bezeichnend, daß der Eigenname Gottes, Jahve, verlorengeht, denn dieser hat nur so lange seinen Sinn, als Gott als ein Subjekt unter anderen Subjekten erscheint, den man durch seinen bestimmten Namen von anderen unterscheiden muß. Schon im Buch Hiob und im sog. Prediger (Kohelet) fehlt charakteristischerweise der Eigenname Gottes. Gott wird jetzt als König und Herr, als der Höchste und Heilige bezeichnet, also mit Ausdrücken, die orientalischer Redeweise naheliegen und die Erhabenheit Gottes über Welt und Mensch zum Ausdruck bringen sollen. Man wählt wohl auch andere Bezeichnungen, denen mehr Reflexion zugrunde liegt und die noch stärker die Ferne Gottes, seine Distanz von der Welt, aussprechen sollen: »der Himmel«, »die Herrlichkeit«, »die Majestät«, »die Glorie« u. a., oder man redet in ehrfürchtiger Scheu nur in umschreibenden Wendungen von Gott, indem man z. B. nicht sagt: »Gott hat beschlossen«, sondern »es ward beschlossen« usw. Auch in manchen Jesusworten findet sich diese Ausdrucksweise (z. B. Luk 15, 7. 10. 18; 6, 38; 12, 20; 16, 9). Wo sich reflektierende Phantasie, naiv oder spekulativ, auf den Gottesgedanken richtete, hat man sich auch im Judentum Vorstellungen darüber gemacht, wie die Beziehungen des überweltlichen Gottes zur Welt denkbar seien. Man hat sich Gott ähnlich wie einen orientalischen König vorgestellt, als bedient von einem Hofstaat von Engeln, die seine Befehle in der Welt vollziehen; oder man hat unter dem Einfluß fremder Mythologie und Spekulation halbgöttliche Kräfte angenommen, die zwischen Gott und Welt vermitteln. Dies letztere offenbar nur in begrenzten Kreisen, während der Engelglaube allgemein verbreitet war und auch für Jesus selbstverständlich ist.

Wesentlich für den Gottesgedanken ist jedoch nicht die Art, wie man sich sein Wirken auf die Welt phantastisch vorgestellt hat; wesentlich ist aber, daß der überweltliche, ferne Gott zugleich der nahe ist, der das Geschick der Welt, seines Volkes und jedes einzelnen in starken Händen hält. Das ist zunächst im Schöpfungsgedanken ausgesprochen, der im Judentum nicht etwa eine kosmologische Theorie ist, sondern der Ausdruck des Glaubens der Abhängigkeit des Menschen in seiner ganzen Existenz von Gott, der Ausdruck des Bewußtseins, Kreatur zu sein vor Gott. Es prägt sich weiter in dem Glauben aus, daß Gott der Herr der Geschichte ist, der sie von ihren Anfängen zu einem Ziel lenkt nach seinem Plane. Der Mensch steht also nicht verloren in einem gottfernen Kosmos, getröstet sich auch nicht etwa dessen, daß er als Glied in den kosmischen Organismus eingefügt ist, dessen Bewegung sich in gesetzmäßigem Rhythmus vollzieht, sondern der Mensch steht nach göttlichem Plane an einer bestimmten Stelle des zeitlichen Geschehens, das zu einem bestimmten Ziele hingerichtet ist. So ist der Blick des Menschen einerseits in die Vergangenheit gerichtet, in der der »Gott Abrahams, Isaaks und Jakobs« seine Segnungen und Züchtigungen über das Volk hat ergehen lassen; und der Mensch weiß, daß diese Geschichte unmittelbar ihn angeht, zu ihm spricht und ihn mit ihren Weisungen und Tröstungen bestimmt. Und andererseits ist der Blick in die Zukunft gerichtet, da Gott das Weltgeschehen zum Ziele führt, Gericht hält und seine Herrschaft erscheinen läßt.

Die Spannung, die zwischen dem Gedanken des fernen und des nahen Gottes besteht, tut sich hier nun noch einmal auf, insofern

Gott der Gott der Zukunft und der Gegenwart ist. Die Einheit dieser beiden Gedanken ist im Judentum offenbar nicht erreicht worden. Der Gedanke an den Gott der Zukunft tritt mit starker Einseitigkeit und in bestimmter Färbung hervor, so daß oft nicht deutlich ist, wie dieser Gott der Zukunft auch der Herr der Gegenwart sein kann. An diesem Punkte üben dualistische Vorstellungen, die aus der Fremde, wesentlich aus Persien, eingedrungen sind, ihren Einfluß. Der ganze Zeitlauf wird in zwei Epochen geteilt: den gegenwärtigen Äon (dem Vergangenheit und Gegenwart angehören) und den zukünftigen Äon, in dem die Herrlichkeit Gottes erschienen sein wird. Je schärfer dieser Gegensatz gedacht wird, und je herrlicher die Zukunft erstrahlt als die Zeit, in der alle gottfeindlichen Mächte vernichtet sind, desto mehr erscheint die Gegenwart als von Gott verlassen, als die Zeit, da der Satan und seine bösen Geister ihr Wesen treiben. Wo bleibt da der Gott der Gegenwart? Offenbar ist diese Seite des Gottesgedankens zurückgedrängt und damit der Gedanke der Allmacht Gottes unter dem Einfluß des Dualismus eingeschränkt. Damit aber ist der Gottesgedanke überhaupt gefährdet; denn er hat seinen Sinn verloren, wenn Gott nicht als die den Menschen in seiner gegenwärtigen Existenz bestimmende Macht gedacht ist. Und eben das ist der Fall, je mehr die Offenbarung Gottes von der Zukunft erwartet und ersehnt wird, je mehr man klagt über das Leid der Gegenwart. Um so weniger ist dann die Zukunft eine echte Zukunft, die die Gegenwart bestimmt, indem sie eben ihre Zukunft ist. Vielmehr ist die Zukunft beziehungslos zur Gegenwart etwas, was auch nicht sein könnte, ohne daß die Gegenwart dadurch verändert würde; etwas, was einmal kommt, was aber seinem Wesen nach auch schon einmal gewesen sein könnte, wie denn auch die Spekulation verbreitet ist, daß die Heilsgüter präexistieren und schon jetzt im Himmel vorhanden sind. Und die Zukunft ist um so weniger echte Zukunft, als man andererseits über sie schon dadurch verfügt, daß man sie den eigenen Phantasien und Wünschen ausliefert, also insofern man nicht mit dem Gedanken ernst macht, daß die Zukunft als Neues auch den neuen Menschen fordert.

Unter diesen Umständen ist begreiflich, wenn sich eine wirkliche Beziehung zwischen dem Gott der Zukunft und dem Gott der Gegenwart vielfach nicht finden läßt, oder wenn die Aussagen, in denen Gott als der Gott der Gegenwart angesehen wird, leicht den Charakter theoretischer Spekulation tragen. Denn wohl wird hervorgehoben, daß der Weltschöpfer und der Weltrichter einer ist, daß sich in Zukunft nur erfüllen wird, was Gott schon zu Beginn der Welt beschlossen hat, daß Gott die Zeiten regiert und was in den Zeiten geschieht, und insofern also der Gott der Gegenwart ist. Aber inwiefern der zukünftige Gott auch die Gegenwart des Menschen wirklich regiert, so, daß der Mensch in seiner gegenwärtigen Existenz durch den zukünftigen Gott bestimmt ist, das tritt vielfach nicht deutlich hervor. Vielmehr erscheinen die Aussagen, in denen von Gottes gegenwärtigem Wirken gesprochen wird, vielfach ohne Zusammenhang, ja in einem gewissen Widerspruch mit den Zukunftserwartungen und der dualistisch-pessimistischen Beurteilung der Gegenwart. Denn allerdings, der Glaube an die Vorsehung Gottes, die das gegenwärtige Weltgeschehen durchwaltet, ist trotz der Satans-Vorstellung im Judentum nicht preisgegeben worden. Vorsehung ist dabei freilich nicht in dem Sinne verstanden, wie er in der stoischen Philosophie ausgebildet worden ist, nämlich als die durch den zweckvoll geordneten kosmischen Organismus bedingte Vorbestimmtheit, sondern als die persönliche Fürsorge Gottes. Die erbauliche Geschichte vom alten Tobit und seinem Sohn Tobias zeigt, wie Gottes Vorsehung das Leben der Frommen wunderbar leitet. Und in zahlreichen Sprüchen wird diese Vorsehung gepriesen, die Menschen und Vieh Nahrung schenkt, die auch einen Vogel nicht erbeutet werden läßt ohne den Willen des Himmels. Auch ist ja der ferne Gott für den Frommen stets erreichbar im Gebet und wird als der Vater von der betenden Gemeinde wie von einzelnen Frommen angerufen. Charakteristisch zeigt sich solcher vertrauensvolle Glaube an den Gott der Gegenwart z. B. im sogenannten 5. Psalm Salomos:

Herr Gott, ich will deinen Namen preisen voll Jubel
    Inmitten derer, die deine gerechten Gerichte kennen.
Denn du bist gütig und barmherzig, bist die Zuflucht des Armen.
    Wenn ich zu dir schreie, wirst du mir nicht schweigen.
Denn nicht nimmt man einem Gewaltigen Beute ab;
    Wer wollte dann von allem, was du geschaffen, nehmen,
                         du gäbest es denn.
Denn der Mensch und sein Los ist bei dir abgewogen,
    Und er bekommt nicht mehr, als du ihm bestimmt, o Gott.
In unserer Drangsal rufen wir zu dir um Hilfe,
    Und du wirst unsere Bitte nicht abweisen, denn du bist unser
Laß deine Hand nicht schwer auf uns lasten,   *Gott.*
    Damit wir nicht durch Not in Sünde fallen.

Ja auch, wenn du uns nicht hilfst, lassen wir nicht ab, sondern
                                                kommen zu dir.
Denn wenn ich hungere, schrei ich zu dir, o Gott, und du
Du nährst die Vögel und die Fische,   *[wirst mir geben.*
Indem du Regen gibst in der Steppe, daß Gras sproßt,
Du schaffst Futter auf der Weide für alles Getier,
Und wenn sie hungern, erheben sie ihr Gesicht zu dir.
Die Könige und Fürsten und Völker ernährst du, o Gott,
Und wer ist des Armen und Bedürftigen Hoffnung, wenn
                                          nicht du, o Herr?
Ja, du wirst hören, denn wer ist gütig und freundlich wie du?
Erfreue die Seele des Armen und öffne erbarmend deine Hand!
Eines Menschen Güte ist karg und will Lohn,
Und wenn einer zum zweitenmal gibt ohne Murren, so ist's
                                        zum Verwundern.
Deine Gabe aber ist groß, voll Güte und reichlich,
Und wer auf dich hofft, der wird keinen Mangel haben an
                                              Gaben.
Über die ganze Erde geht, o Herr, dein Erbarmen und deine
                                              Güte.

Der Mensch steht also in einer gewissen Spannung zwischen Gegenwart und Zukunft, ohne daß eine Einheit des Gottesgedankens sich zeigte. Indessen tut sich noch eine andere Spannung zwischen Gegenwart und Zukunft auf als die zwischen Hoffnung und Vorsehungsglauben. Und zwar eine solche, die die Möglichkeit eines einheitlichen Gottesgedankens deutlicher erscheinen läßt, wenn nämlich Gott als der zukünftige Richter der Gegenwart erscheint. Zunächst freilich ist Gott, sofern er der Richter ist, der Gott der Zukunft. Er wird dereinst den Menschen vergelten nach ihren Taten; dann wird *der Äon, der jetzt schläft, erwachen und die Vergänglichkeit selber vergehen.*

Die Erde gibt wieder, die darinnen ruhen,
Der Staub läßt los, die darinnen schlafen.
Die Kammern erstatten die Seelen zurück, die ihnen anver-
Der Höchste erscheint auf dem Richterthron. [traut sind.
Dann kommt das Ende.
Und das Erbarmen vergeht.
Das Mitleid ist fern
Und die Langmut verschwunden.
Mein Gericht allein wird bleiben,

Die Wahrheit bestehen,
Der Glaube triumphieren.
Der Lohn folgt nach,
Die Vergeltung erscheint.
Die guten Taten erwachen,
Die bösen schlafen nicht mehr
Dann erscheint die Grube der Pein
Und gegenüber der Ort der Erquickung.
Der Ofen der Gehenna (Hölle) wird offenbar
Und gegenüber das Paradies der Seligkeit (4. Esra 7, 31–36).

Der Blick des Menschen ist also auf die Zukunft gerichtet, die ihm Strafe oder Lohn bringen wird. Gott ist gerecht, und wohl zeigt sich schon jetzt sein gerechtes Gericht in den Schicksalen der Völker und der Menschen; aber deutlich und entscheidend wird seine Gerechtigkeit erst dann offenbar am Tage des Gerichts. Gott ist auch gnädig und barmherzig, und wohl schenkt er schon jetzt voll Güte und Erbarmen gute Gaben denen, die ihn bitten; aber voll und entscheidend wird seine Barmherzigkeit erst dann offenbar am Tage des Gerichts, wenn er denen verzeiht, die dessen würdig sind. Aber worauf soll man sich gefaßt machen? Wessen sich getrösten? Wer wird zu den Verurteilten, wer zu den Begnadigten gehören? Als der gerechte wie als der gnädige ist Gott im wesentlichen der Gott der Zukunft, und die Zukunft ist ganz ungewiß. Daher erhält das jeweilige Handeln des Menschen, das nichts anderes sein soll als Gehorsam im Jetzt der Gegenwart, so leicht den Charakter einer Leistung für die Zukunft und verliert damit seinen Entscheidungscharakter. Es wird zu einem Werk unter anderen; denn je mehr der guten Werke sind, desto eher ist der Freispruch im Gericht zu erhoffen. Daher verliert der Mensch so leicht das Bewußtsein, im entscheidenden Jetzt vor Gott zu stehen und bangt vor dem Einst, da er vor Gott stehen wird. Ein ungeheures Sündengefühl bemächtigt sich deshalb der Frommen; das Denken ringt mit dem Problem der Sünde: woher kam die Sünde in die Welt? Woher hat sie ihre Macht? Wie ist es möglich, daß so viele Menschen verlorengehen? Vor allem in der Apokalypse des sog. 4. Esra werden diese Fragen erwogen. Und aus dem Gefühl der Heilsunsicherheit erwachsen die Sündenbekenntnisse und Bußgebete, die für das späte Judentum so charakteristisch sind. Immer wieder erklingt es: *Wir haben gesündigt vor dir! – Mit zerbrochenem Herzen und demütigem Geist mögen wir Annahme finden!* Und es ist die letzte Zuflucht, daß man eben dies Sündenbekenntnis, dies Bußgebet als gutes Werk, als Mittel ansieht, um sich Gottes Gnade zu versichern.

Wir und unsere Väter haben in Werken des Todes dahingelebt,
Du aber bist, gerade weil wir Sünder sind, der Barmherzige
genannt.
Denn gerade weil wir nicht Werke der Gerechtigkeit haben,
Wirst du, wenn du dich unser erbarmst, der Gnädige heißen.
Denn die Gerechten, die viele Werke bei dir liegen haben,
Werden für ihre Werke Lohn empfangen.
Was aber ist der Mensch, daß du ihm zürnen solltest?
Was das sterbliche Geschlecht, das du ihm so grollen könntest?
Denn fürwahr: niemand ist der Weibgeborenen, der nicht
Niemand derer, die geworden, der nicht gefehlt. [gesündigt,
Dann eben wird deine Gerechtigkeit und Güte, o Herr, offenbar,
Wenn du dich derer erbarmst, die keinen Schatz von guten
Werken haben (4. Esra 8, 31–36).

Es zeigt sich dabei deutlich: Der Gedanke der Sünde ist nicht radikal gedacht, solange neben ihm der Gedanke an die Möglichkeit guter Werke besteht, solange auch nur das Sündenbekenntnis als etwas gelten kann, das die Sünde verzeihlich macht, solange nicht der Mensch als ganzer und in allem als Sünder gilt, sofern er vor Gott steht. Der Gedanke der Sünde ist nicht radikal gedacht, wenn neben ihm der Gedanke Raum hat: man kann nicht wissen, wie groß die Sünden sind im Verhältnis zu den guten Werken; wenn der Gedanke herrscht, daß im Gericht der Zukunft gute und böse Werke gegeneinander abgewogen werden. Die Unsicherheit, in der sich der Mensch hier sieht, ist nicht das Bewußtsein seiner völligen Nichtigkeit vor Gott, sondern ein Schwanken zwischen Furcht und Hoffnung. Der Gott der Zukunft ist nicht wirklich der Gott der Gegenwart; denn in der Gegenwart findet der Mensch in sich ja noch ein Streben, sich dem Gericht Gottes zu entziehen, noch eine Möglichkeit, sich vor Gott zu rechtfertigen; er sieht sich nicht in der Gegenwart vor den richtenden Gott gestellt.

Und ebenso ist der Gedanke der Gnade Gottes nicht radikal gedacht; denn Gottes Gnade erscheint hier als freundliches Übersehen der Sünden, als im Gegensatz stehend zu seiner Gerechtigkeit, als seine Gerechtigkeit gleichsam überwindend. Während, radikal gedacht, die Gnade Gottes untrennbar mit seiner richterlichen Gerechtigkeit zusammengehört; denn seine Gnade übersieht die Sünde nicht, sondern vergibt sie. Gott ist gnädig gerade dem Sünder, d. h.

dem, der vor seiner Gerechtigkeit als gerichtet dasteht. Gottes Gnade ist nicht radikal gedacht, solange von ihr als einer Möglichkeit in der Zukunft geredet wird und sie nicht als eine Wirklichkeit in der Gegenwart erfaßt wird; denn welches Recht hätte der Mensch, von der Gnade Gottes zu reden, wenn er sie nicht in seiner gegenwärtigen Wirklichkeit offenbar sähe? Er stellt sich dann ja nur Gott als einen Menschen vor, der vielleicht Gnade vor Recht ergehen läßt. Der Trost des Menschen, der auf Gottes Barmherzigkeit schaut, ist also in den jüdischen Bußgebeten nicht die Erfassung der offenbaren Gnade Gottes, sondern eine Selbstbeschwichtigung durch das verzweifelte Ergreifen einer fraglichen Möglichkeit. Der Gott der Zukunft ist nicht wirklich der Gott der Gegenwart, denn den Gott der Gnade sieht der Mensch in seiner Gegenwart ja gar nicht.

Und doch ergibt sich gerade, wenn Gott als der Richter und der Mensch als Sünder gesehen wird, die Möglichkeit des einheitlichen Gottesgedankens, die Möglichkeit, jenen Zwiespalt von Ferne und Nähe Gottes, von Zukunft und Gegenwart, von Hoffnung und Vorsehungsglauben zu begreifen. Dann nämlich, wenn eingesehen wird, daß die Ferne Gottes nichts anderes ist als seine Ferne für den Sünder, also eine Ferne, in die der Mensch gerade dadurch gerückt wird, daß er in seinem Hier und Jetzt vor Gott gestellt ist. Dann, wenn eingesehen wird, daß Not und Elend der Welt diesen ihren Charakter für den Sünder haben und also nicht im Widerspruch stehen zur Vorsehung Gottes, daß freilich ein Recht, von der Vorsehung Gottes zu reden, nur für den besteht, für den der Gott der Gegenwart zugleich der Gott der Zukunft ist. Für das Judentum jedenfalls ist jener pessimistische Dualismus deshalb erträglich, weil in der Tat der Mensch als Sünder Gott gegenüber gilt und Gott als der Heilige und der Richter. Aber freilich hat es das Judentum nicht zu einem wirklich einheitlichen Gottesgedanken gebracht, weil weder der Gedanke der Sünde noch der Gedanke der Gnade Gottes radikal gedacht sind. Es liegt nun ja freilich nicht so, daß es nur einer Denkbewegung, einer klaren Logik oder angestrengteren Reflexion bedürfte, um jene Gedanken in ihrem Radikalismus zu denken. Denn die Gedanken von Sünde und Gnade haben ihren Ursprung ja nicht in der theoretischen Reflexion, sondern sind der Ausdruck dafür, wie der Mensch die Wirklichkeit seiner eigenen Existenz als durch Sünde und Gnade bestimmt erfährt. Und diese Selbsterfassung beruht nicht auf einem Akt des Denkens, sondern ist ein Vorgang in der Wirklichkeit des Lebens selbst.

Mit diesen Ausführungen sind bestimmte Grundlinien des Gottesgedankens Jesu schon gegeben und bestimmte Fragestellungen, in
denen sich seine Gottesanschauung von der jüdischen trotz aller Gemeinsamkeit abhebt. Wie das echte Judentum steht er dem griechischen Denken völlig fern. Gott ist für ihn in jenem jüdischen Sinn
der ferne Gott, der in keinem Sinne zur Welt gehört, ein Stück Welt
ist. In gewissen Eigentümlichkeiten der Ausdrucksweise, in der Art,
manchmal in Umschreibungen von Gott zu reden, stimmt Jesus mit
den frommen Juden überein, wenn unsere Überlieferung darin zuverlässig ist (Luk 15, 7. 10. 18; 6, 38; 12, 20; 16, 9). Ebenso redet er
ganz unbefangen von den Engeln, die Gott zu Dienste stehen (z. B.
Matth 18, 10; Mark 8, 38; Luk 12, 8 u. 9). Schon dabei aber zeigt
sich deutlich seine Haltung, daß er nämlich nicht die Engel und die
himmlischen Dinge zum Objekt der Spekulation macht und über sie
etwa geheime Kenntnisse vermittelt, wie jüdische Apokalyptiker
über die Engel, ihre Namen und Ämter, über die Sterne und Winde
spekulieren. Für ihn ist Gott nicht Gegenstand des Denkens, der
Spekulation; der Gottesgedanke wird von ihm nicht in Anspruch genommen, die Welt zu verstehen und als Einheit zu erkennen. Deshalb ist Gott für ihn weder eine metaphysische Wesenheit noch eine
kosmische Kraft, noch ein Weltgesetz, sondern persönlicher Wille,
heiliger und gnädiger Wille. Von Gott redet Jesus nur, sofern der
Mensch in seinem Willen durch Gott beansprucht und in seiner gegenwärtigen Existenz durch seine Forderung, sein Urteil, seine Gnade bestimmt ist. Der ferne Gott ist für ihn also zugleich der nahe, da
seine Wirklichkeit nicht erfaßbar ist, indem der Mensch aus seiner
konkreten Wirklichkeit herausgeht, sondern gerade indem er sich
ihr zuwendet. Nicht in allgemeinen Wahrheiten, in Lehrsätzen redet Jesus von Gott, sondern nur so, daß er davon spricht, wie Gott
für den Menschen ist, wie er am Menschen handelt. Er redet also
nicht objektiv von den Eigenschaften Gottes, von seiner Ewigkeit,
Unveränderlichkeit u. dgl., wodurch griechisches Denken das jen-
seitige Wesen Gottes zu beschreiben sich bemühte. Daß Gott barmherzig und gütig sei, sagt er gelegentlich (Luk 6, 36; Mark 10, 18);
aber damit spricht er ja nur aus, wie der Mensch Gott in seiner eigenen Wirklichkeit erfährt, damit redet er nur vom Handeln Gottes
mit dem Menschen. Und zwar ist das nicht so gemeint, daß Jesus
zwischen einem fernen, geheimnisvollen metaphysischen Wesen

Gottes und seinem Handeln an uns als der Äußerung dieses Wesens unterschiede. Sondern der ferne und der nahe Gott sind der eine; und man kann von Gott in Jesu Sinne nicht reden, wenn man nicht von seinem Handeln redet. Wie am Menschen in Jesu Sinn nicht unterschieden werden kann zwischen seinem eigentlichen Wesen und seinen Handlungen, die aus dem Wesen hervorgehen, sondern wie im Handeln das eigentliche Sein des Menschen vorliegt, so ist auch Gott da, wo er wirkt. So bringt denn Jesus nicht die Kunde von einem neuen Gottesbegriff, nicht Offenbarungen über das Wesen Gottes, sondern er bringt die Botschaft von der kommenden Gottesherrschaft und vom Willen Gottes. Er redet von Gott, indem er vom Menschen redet und ihm zeigt, daß er in der letzten Stunde steht, in der Entscheidung, daß er in seinem Willen von Gott beansprucht ist.

Damit ist auch gesagt, daß Jesus jede Vorstellung von Gott als einer höheren Natur fremd ist. Man kann sich nicht etwa durch kultische, sakramentale Mittel in nähere Beziehung zu dem fernen Gott bringen, sich göttliches Wesen zu verschaffen. Sowenig wie Jesus den Kultus als gutes Werk kennt, sowenig kennt er ihn als mysteriöses Mittel, durch das man sich von seiner niederen Natur befreit. Der Begriff der Natur ist ihm überhaupt fremd, und niedrig oder schlecht ist für ihn nichts anderes als der böse Wille des Menschen. Nicht sakramentale Waschungen verschaffen dem Menschen Reinheit, sondern nur ein reines Herz, d. h. ein guter Wille (Mark 7, 15). Welche Bedeutung Jesus in der Johannestaufe gesehen hat, können wir nicht mehr erkennen. Vielleicht hat er vorausgesetzt, daß wie er, so auch seine Anhänger sich taufen ließen. Die spätere Überlieferung, daß er selbst getauft habe (Joh. 3, 22), ist wohl unzuverlässig. Wahrscheinlich ist die Johannestaufe ein eschatologisches Sakrament gewesen, und mag ihr auch in den Täuferkreisen eine eigentlich sakramentale Bedeutung zugeschrieben worden sein, so kann Jesus schwerlich mehr in ihr gesehen haben als das Bekenntnis der Buße angesichts der kommenden Gottesherrschaft. Jedenfalls hat er nicht selbst die Taufe als sakramentales Mittel eingesetzt, wie es der legendarische Bericht Matth 28, 19 erzählt, und wie es dem Taufbrauch der hellenistisch-christlichen Gemeinden entspricht. Die hellenistischen Christen haben in Jesus auch den Stifter einer sakramentalen Mahlzeit, des Herrenmahles, gesehen, und unter dem Einflusse dieser späteren Anschauung ist in den Evangelien auch der Bericht vom letzten Mahle Jesu mit seinen Jüngern umgestaltet worden (Mark 14, 22–25 usw.). Aber hier liegt sicher eine Entstellung der ursprünglichen Überlieferung aus den Sakramentsanschauungen des hellenistischen Christentums vor. Der Verkündigung Jesu wie der ältesten Gemeinde seiner Anhänger liegen solche sakramentalen Gedanken ganz fern. Es fehlen dafür auch alle Voraussetzungen, nämlich alle Gedanken von einer naturhaften Minderwertigkeit menschlichen Wesens und von einer naturhaften Qualität der göttlichen Heiligkeit.

Ebensowenig aber wie Jesus eine durch Kultus und Sakrament vermittelte Beziehung zu Gott kennt, kennt er ein mystisches Gottesverhältnis. Das *Du sollst den Herrn deinen Gott lieben von ganzem Herzen und von ganzer Seele und mit ganzer Kraft* (Mark 12, 30) bedeutet nicht eine Auflösung des Menschen als selbständiger Person, ein Hineinfließen und Untergehen in den Strom göttlichen Wesens. Sondern jenes höchste Gebot ist klar bestimmt, als an den Willen des Menschen gerichtet, durch das zweite: *Du sollst deinen Nächsten lieben wie dich selbst* (Mark 12, 31). Das Eigenleben des Menschen wird also in seinem Verhältnis zu Gott nicht aufgezehrt, sondern im Gegenteil gerade zu seiner Eigentlichkeit gebracht, indem der Mensch in die Entscheidung gestellt wird. Gott selbst würde verschwinden, wenn der Mensch sich nicht erfaßte als denjenigen, der in der vollen Freiheit seiner Entscheidung sein eigenes Wesen hat, der durch die Entscheidung seines Willens, durch Gehorsam die Gemeinschaft mit Gott gewinnen kann. Gott wäre sonst eine allgemeine naturhafte Wesenheit, etwa das Irrationale; und als Gemeinschaft mit ihm würden psychische Erlebnisse der Erregung und Ekstase, der Andacht und Freude gedeutet werden. Sowenig Jesus Gottes Wesen in dieser Richtung beschreibt, sowenig redet er von psychischen Zuständen und Erlebnissen. Alle mystischen Gottesbezeichnungen fehlen bei ihm, es fehlt alles Reden von der Seele und ihren Zuständen und Erfahrungen. Mystische Gottesauffassung kann dualistisch oder pantheistisch sein oder auch beides in eigentümlicher Verbindung. Sowenig davon bei Jesus zu finden ist, weil für ihn Gott in seinem Willen und Handeln sichtbar ist, sowenig von einer entsprechenden Auffassung des Menschen. Weder ist für Jesus der Mensch ein kosmisches Wesen, in dessen Sinnen und Geist die Kräfte der Gottnatur fließen und wirken, ein Mikrokosmos und Spiegel des Göttlichen im kleinen. Noch unterscheidet Jesus Sinnlichkeit und Geist, Niederes und Höheres im Menschen oder redet etwa von dem Göttlichen, das im Kerker des Leibes eingeschlossen ist und erlöst werden soll, dadurch daß es sich aus der Materie losringt und mit Gott vereint. Der Mensch ist ganz schlecht, wenn sein Auge nicht licht, wenn sein Herz nicht rein ist, wenn sein Wille nicht gehorsam ist. Immer ist der Mensch nur so gedacht, als mit seinem Willen vor Gott in der Entscheidung stehend, und Gott als der Wille, der Gehorsam vom Menschen fordert.

Mit alledem steht Jesus im Rahmen des echten Judentums, und seine Eigenart besteht nicht darin, daß er besonders originelle Gedanken über Gott und Welt vorgetragen hätte, sondern darin, daß er den Gottesgedanken des Judentums in seiner Reinheit und Konsequenz erfaßt hat. Mit der gleichen Sicherheit, mit der er alle apokalyptisch-eschatologischen Spekulationen abweist, ist der Gedanke festgehalten, daß der Mensch vor Gott in der Entscheidung steht. Das wird nun weiter deutlich, wenn man beobachtet, wie auch für Jesus Gott der Gott der Zukunft und der Gott der Gegenwart ist, und wenn man fragt, ob und wie sich für Jesus diese beiden Gedanken zu einer Einheit verbinden.

Jesu Gott ist der Gott der Zukunft, und auch bei Jesus scheint diese Vorstellung durch die dualistische Zeitbetrachtung, die die Gegenwart als den Äon des Verderbens betrachtet, beeinflußt zu sein. Wenn gebetet wird: *Deine Herrschaft komme!* (Matth 6, 10), so sieht man Gottes Regiment offenbar in der Gegenwart noch nicht wirksam; sein Name wird noch nicht geheiligt, sein Wille geschieht noch nicht auf Erden, wie er im Himmel geschieht. Wenn Jesus zu sehen glaubt, wie in der Gegenwart beim Nahen der Gottesherrschaft die Dämonen fliehen und der Satan vertrieben wird, so ist er offenbar der Meinung, daß die Welt bis dahin unter dem Regiment des Satans und seiner bösen Geister steht. Es würde demgegenüber wenig besagen, daß Jesus sich die Redeweise vom »gegenwärtigen und zukünftigen Äon«, wie es scheint, nicht angeeignet hat. Sie findet sich nur in Worten, deren Echtheit sehr fraglich ist. Und es würde demgegenüber auch nicht viel bedeuten, daß Jesus nicht, wie andere jüdische Fromme, gespannt und in banger Sehnsucht in die ungewisse Zukunft schaut, sondern überzeugt ist, daß eben jetzt die Wende der Zeiten da ist und die Kräfte der hereinbrechenden Gottesherrschaft schon spürbar sind. Denn ein grundsätzlicher Unterschied von jener dualistischen Weltbeurteilung wäre damit nicht gegeben. Es wäre dann doch die Welt, wie sie bis dahin bestand, nicht unter dem Gedanken der Allmacht Gottes gesehen; es wäre dann doch der Gottesgedanke nicht klar erfaßt, der die Anschauung, daß es überhaupt eine Welt und eine Zeit gibt, in der nicht Gott regiert, ausschließen müßte. Es würde dann gesagt sein, daß es außer Gott noch andere Mächte gibt, mit denen der Mensch unter Umständen rechnen muß.

Es befriedigt auch nicht, wenn man sagt, Jesu Gottesglaube sei keine philosophische Theorie gewesen (so richtig das an sich ist), und sein Glaube an Gott als die Ursache alles Geschehens habe für Jesu unentwickeltes und der logischen Konsequenz ungewohntes Denken die Annahme von andern nebenbei wirkenden Ursachen des Weltgeschehens nicht ausgeschlossen. Die Kraft des Gottesglaubens Jesu zeige sich eben darin, daß er dem Satansglauben zum Trotz daran festgehalten habe, daß doch Gott die letzte Ursache allen Geschehens sei. Das wird zwar ungefähr richtig sein; aber es kommt alles darauf an, die Eigenart des Gottesglaubens Jesu richtig zu verstehen. Ist nämlich dieser Gottesglaube eine vorgegebene, feststehende Voraussetzung, auf Grund derer, aller Erfahrung zum Trotz, behauptet wird, daß Gott die letzte Ursache alles Geschehens sei, so wäre der Gottesgedanke bei Jesu offenbar nicht rein durchgeführt. Denn sein Gottesgedanke besagt ja nicht allgemein, daß Gott die letzte Ursache alles Geschehens, sondern daß er die den Menschen in seiner konkreten Wirklichkeit bestimmende Macht sei. Wenn der Mensch sich also sagen müßte, daß in der Wirklichkeit seines Hier und Jetzt Gott nicht für ihn sichtbar ist, und wenn er sich demgegenüber getrösten wollte, daß Gott doch irgendwie die letzte Ursache alles Geschehens ist, so wäre sein Gottesglaube eine theoretische Spekulation oder ein Dogma; und alle Energie, mit der der Mensch sich an diesen Gedanken klammerte, wäre kein Glaubensmut, da der Glaube doch nur die Erfassung des Wirkens Gottes in der eigenen Wirklichkeit des Menschen sein kann. Jener Mensch würde also der eigenen Wirklichkeit, in der er allein Gott erfassen kann, entfliehen und sich damit trösten, daß Gott irgendwo anders wäre; aber damit wäre der Gottesglaube zum Phantom geworden. Eine wirkliche Einheit mit dem Gottesgedanken hat die Anschauung von der Satansherrschaft und der Gottesferne der Gegenwart nur dann, wenn eben diese Gottesferne, dies Preisgegebensein an den Satan nichts anderes ist als die Bestimmtheit durch Gott selbst. Aber ob und wie das zu denken sei, wird sich erst im weiteren zeigen können.

Jedenfalls aber verdirbt man sich das Verständnis, wenn man den Zukunftscharakter der Gottesherrschaft abzuschwächen versucht, etwa durch die Erwägung, daß der Glaube an die kommende Gottesherrschaft von der festen Grundlage des Schöpfungsglaubens ausgehe, und daß die Gottesherrschaft einfach die Vollendung der Schöpfung sei. Denn dabei wird erstlich wieder der Glaube an Gott als den Schöpfer zu einem theoretischen Gedanken gemacht, zu einer allgemeinen Wahrheit, die als festgegebene Voraussetzung benutzt wird. Diesen Charakter eines Gedankens der Welterklärung aber hat der jüdische Schöpfungsglaube gar nicht, sondern er ist der Ausdruck des Bewußtseins, daß der Mensch in seiner ganzen Wirklichkeit in der Welt von Gott abhängig ist. Er schließt also nicht von einem theoretisch einsichtigen Gedanken des Weltverständnisses auf die gegenwärtige Situation des Menschen; sondern er versteht aus der Erfassung der eigenen gegenwärtigen Situation heraus die Welt.

Vor allem aber trägt man den hellenistischen Entwicklungsgedanken in die Anschauung Jesu ein, wenn man die Gottesherrschaft als die Vollendung der Schöpfung bezeichnet und so gleichsam eine aufsteigende Linie vom Anfang bis zum Ende zieht. Dann wäre in der Schöpfung die Gottesherrschaft schon keimhaft angelegt, und die Gottesherrschaft wäre die Entfaltung jener Anlagen. Damit wäre ideell die Gottesherrschaft immer schon vorfindliche Gegenwart, und ihr reiner Zukunftscharakter wäre zerstört. Daran aber, daß sie nach Jesu Meinung das Wunderbare, Neue, Ganz andere gegenüber aller Gegenwart ist, kann gar kein Zweifel sein. Und Jesus hat nie daran gedacht, den Gedanken vom Kommen der Gottesherrschaft mit dem Schöpfungsgedanken in Verbindung zu bringen. Die einzige Verbindung, die für sein Denken möglich wäre, wäre die, die in der jüdischen Apokalyptik hin und wieder vollzogen wird, daß nämlich in der seligen Endzeit die Schöpfung der Urzeit mit Paradies und Seligkeit wiederkehrt. Es würde sich dann nicht um Vollendung der Schöpfung handeln, sondern um ihre Wiederherstellung, nachdem sie durch die Sünde der Menschen verdorben ist. Dieser Gedanke würde in den Zusammenhang der Anschauung Jesu passen; denn hier wäre der Zukunftscharakter der Gottesherrschaft, ihr Wunderbares, Neues gewahrt. Indessen sind von Jesus keine Worte solchen Inhalts überliefert; und solche Gedankengänge liegen ihm ihrer phantastisch-mythologischen Form wegen fern, so verwandt ihr Grundgedanke ihm auch sein mag.

Es kann sich also – will man die Verkündigung Jesu verstehen – nicht darum handeln, am Zukunftscharakter der Gottesherrschaft etwas abzubrechen und den Gedanken von der Gottesferne der Gegenwart zu verkürzen. Sondern es kann sich nur darum handeln, die Paradoxie zu begreifen, daß der ferne, zukünftige Gott zugleich, ja gerade indem er der ferne, zukünftige ist, auch der Gott der Gegenwart ist. Oder vielmehr zunächst: es kann sich nur fragen, ob und wie mit dem Gedanken von der Zukunft Gottes die vorliegenden Aussagen von seiner Gegenwart zu vereinen sind. In welchem Sinne hat Jesus vom Gott der Gegenwart gesprochen?

Vorsehungsglaube und Theodizee

Unter Jesu Worten sind eine ganze Reihe von Sprüchen überliefert, die einen kindlichen Vorsehungsglauben und einen naiven Optimismus der Natur- und Weltbetrachtung enthalten.

> *Darum sage ich euch:*
> *Sorgt nicht um euer Leben, was ihr essen sollt,*
> *Und nicht um euern Leib, was ihr anziehen sollt.*
> *Ist nicht das Leben mehr als die Nahrung?*
> *Und der Leib mehr als die Kleidung?*
> *Schaut auf die Raben: sie säen nicht und ernten nicht;*
> *Sie haben nicht Speicher noch Scheuer, doch Gott ernährt sie.*
> *Wieviel mehr seid ihr als die Vögel!*
> . . . .
> *Schaut auf die Lilien: sie spinnen nicht und weben nicht,*
> *Und doch sage ich euch, war auch Salomo in all seiner*
> *Pracht nicht bekleidet wie eine von ihnen.*
> *Wenn aber Gott das Gras auf dem Felde, das heute steht*
> *und morgen in den Ofen geworfen wird, so kleidet,*
> *Wieviel mehr euch, ihr Kleingläubigen!*
> *Ihr also trachtet nicht nach Essen und Trinken*
> *Und verlangt nicht zu viel.*
> *Denn nach alle dem trachten die Völker der Welt.*
> *Euer Vater aber weiß, daß ihr dessen bedürft.*
> (Luk 12, 22–30 bzw. Matth 6, 25–32)

> *Kauft man nicht zwei Sperlinge für einen Pfennig?*
> *Und nicht einer von ihnen fällt auf die Erde ohne euren*
> *Ja, auch eures Hauptes Haare sind alle gezählt,* [Vater!
> *So fürchtet euch nicht, ihr seid viel mehr als Sperlinge.*
> (Matth 10, 29–31 bzw. Luk 12, 6–7)

Er läßt seine Sonne aufgehen über Böse und Gute
Und läßt es regnen über Gerechte und Ungerechte.

(Matth 5, 45)

Diese Worte enthalten schwere literarische und sachliche Probleme. Ihrer Form nach gehören sie zur Spruchdichtung, wie sie in der jüdischen und überhaupt in der orientalischen »Weisheit« gepflegt wurde. Dahin gehören sie auch ihrem Inhalt nach, und sie enthalten, für sich genommen, nichts für Jesu Predigt Charakteristisches. Man kann deshalb starke kritische Bedenken haben, ob diese Worte und andere Weisheitssprüche, die unter den Worten Jesu überliefert werden, wirklich von Jesus gesprochen sind. Meist sind sie in dem Zusammenhang, in dem sie von den Evangelisten gebracht werden, in einem bestimmten, speziellen Sinn gebraucht, der sich eben erst aus dem Zusammenhang ergibt. Und da der Zusammenhang erst von den Evangelisten gebildet ist, so kann man kaum mehr feststellen, ob und wie Jesus solche Worte gebraucht hat, zumal sie meist zahlreiche Parallelen in der jüdischen Literatur haben.

Gleichwohl muß man sich auf ihren eigentlichen Sinn gewissenhaft besinnen. Denn zum mindesten hätte Jesus solche Gedanken kaum abgelehnt, da sie zum eigentümlichen jüdischen Gottesglauben gehören, wie er im allgemeinen auch die Voraussetzung für Jesu Gottesanschauung bildet. Und jedenfalls würde nur eine genaue Erfassung des Sinnes zeigen, wie sich der in ihnen ausgesprochene Gottesgedanke zu dem Glauben an den Gott der Zukunft verhält, ob diese Worte wirklich mit dem eschatologischen Glauben zusammen bestehen können, oder ob es ein grober Fehler der Überlieferung ist, diese Worte unter die Jesusworte gebracht zu haben.

Vorsehungsglaube spricht aus jenen Worten ähnlich wie aus dem oben angeführten fünften sog. salomonischen Psalm; ein Glaube an Gott.

Der den Himmel mit Wolken bedeckt,
Der Erde Regen bereitet,
Die Berge Gras sprossen läßt,
Der dem Vieh sein Futter gibt,
Den jungen Raben, die zu ihm schreien (Ps 147, 8–9).

Der die Berge tränkt aus seinen Speichern,
Daß vom Naß des Himmels die Erde satt wird;
Der das Gras sprossen läßt für das Vieh
Und Pflanzen zur Arbeit für den Menschen,
Um Nahrung aus der Erde zu ziehen (Ps 104, 13–14).

Diese Betrachtung beruht nicht auf der Anschauung von einem in der Natur wirkenden Gesetz des Lebens. Sie ist charakteristisch verschieden von jeder pantheistischen Naturbetrachtung, wie sie z. B. Schleiermacher vertritt, der meint, daß die neue Zeit über Jesu kindliche Naturbetrachtung hinausgekommen sei, daß uns vergönnt sei, tiefer ins Innere der Natur zu dringen, als es Jesus vermocht habe. Diese tiefere Betrachtung sei die, daß man in dem Schauspiel des Wechsels, das die Natur darbiete, die Herrschaft des Lebens sehe, das auch das scheinbar Tote neu zeugend in den Prozeß des Wechsels mit hineinzieht, so daß nicht nur in allen Veränderungen, sondern im Dasein selbst das Werk des Geistes, der Gottheit sich offenbare. Diese Betrachtung ist keineswegs der Anschauung jener Jesusworte gegenüber weiter entwickelt oder tiefer, sondern sie geht überhaupt von einem gänzlich andern Ausgangspunkt, einer gänzlich andern Vorstellung von Gott und Mensch aus; ihr liegt der ästhetisch gewendete Gedanke des Gesetzes zugrunde, der dem Judentum und Jesus gänzlich fremd ist. In der Tat findet sich diese Betrachtungsweise ähnlich auch in der stoischen Philosophie, und zwar in einer Formulierung, die ganz an das Wort Matth. 5, 45 erinnert.

Seneca sagt: *Wenn du die Götter nachahmst, so erweise auch Undankbaren Wohltaten. Denn auch für die Verbrecher geht die Sonne auf, auch für die Seeräuber stehen die Meere offen.... Es konnte dem Regen, wenn er fallen sollte, nicht das Gesetz gegeben werden, daß er sich nicht auf die Felder der Schlechten und Ruchlosen ergießen sollte.*

Dieser Gedanke des gesetzmäßigen Wirkens der Natur liegt dem Judentum und Jesus gänzlich fern. In der stoischen Philosophie bedeutet die »Vorsehung« nichts anderes als die Zweckmäßigkeit dieses gesetzlichen Geschehens. Das Judentum und Jesus kennt den abstrakten Begriff der Zweckmäßigkeit nicht, kennt auch den abstrakten Begriff der Vorsehung nicht und hat für beides kein Wort. Der Vorsehungsglaube, der sich in den angeführten Jesusworten ausspricht, ist anderer Art, er redet von dem persönlichen Wirken Gottes, das auf die Wesen des Natur- und Menschenlebens gerichtet ist, und diese Wesen sind gedacht nicht als Glieder eines gesetzmäßigen Organismus, sondern als selbständige Eigenwesen mit ihren eigenen Ansprüchen und Bedürfnissen. Der Vorsehungsglaube, der hier gemeint ist, geht also nicht von einer allgemeinen Anschauung von Natur- und Menschenleben aus, um auf Grund dessen den einzelnen damit zu trösten, daß auch in seinem Leben dies zweckmäßige

Gesetz waltet. Sondern er geht aus von den Erfahrungen, die der einzelne in seinem Leben macht. Dieser Vorsehungsglaube ist daher nicht von der Umkehrung bedroht, die mit jenem Gesetzesgedanken gemacht werden kann, und die in Goethes Worten zum Ausdruck kommt:

> Denn unfühlend ist die Natur:
> Es leuchtet die Sonne über Böse und Gute,
> Und dem Verbrecher glänzen wie dem Besten der Mond
> und die Sterne.

Aber freilich ist dieser Vorsehungsglaube von einer ganz anderen Frage bedroht, mit der jener Gesetzesgedanke auf seine Weise fertig werden kann, von der Frage nach dem Leiden, von der Frage nach der Theodizee, der Gerechtigkeit Gottes im Weltlauf. Die Frage ist nämlich die, ob dieser Vorsehungsglaube, wenn er ausgeht von den Erfahrungen des Menschen in seiner Wirklichkeit, in die er gestellt ist, diese Wirklichkeit in ihrer ganzen Tiefe erschöpft. Ist es nicht ein ungerechtfertigter Optimismus, nur das Gute in der Welt zu sehen? Ist nicht die Wirklichkeit, in der der Mensch steht, durch Kampf und Sorge charakterisiert? Herrschen nicht in Pflanzen- und Tierwelt auch Kampf und Untergang? Verhungern nicht ungezählte Raben und Sperlinge? Ergehen Sonne und Regen über Gerechte und Ungerechte nur zum Nutzen und nicht auch zum Schaden? Ist also jener Vorsehungsglaube nicht ein Stück unbefangener Kindlichkeit, die noch nicht zur Reife gelangt ist und die Augen noch nicht geöffnet hat für Not und Leid des Lebens? Vielleicht auch ein Stück echt orientalischer Daseinsfreude und Bedürfnislosigkeit?

In der Tat besagen die angeführten Worte, für sich genommen, d. h. nicht im Zusammenhang der Worte Jesu betrachtet, schwerlich mehr. Und sie stellen sich dann in den Zusammenhang orientalischer Spruchweisheit. Nimmt man dagegen die Worte im Zusammenhang der Jesusworte, einerlei, ob sie wirklich von Jesus gesprochen oder erst von seiner Gemeinde in diesen Zusammenhang gebracht worden sind, so erhalten sie freilich keinen andern Sinn, aber ihnen steht dann das Gewicht anderer Worte gegenüber, in denen die Wirklichkeit, in der der Mensch steht, mit anderem Ernst gesehen ist. Man wird dann sagen müssen, daß diese Gedanken in der Tat nichts für Jesus Charakteristisches enthalten, sondern unreflektiert aus der volkstümlichen Gottesanschauung übernommen worden sind, — sei es von ihm selbst, sei es von der Gemeinde. Aber das wäre nun doch nicht als ein eigentlicher Mißgriff zu verstehen, vielmehr zeigt sich darin, daß solche Übernahme möglich war, nun doch wieder eine charakteristische Seite der Anschauung Jesu, und demgegenüber verliert die kritische Frage, ob Jesus diese Worte gesprochen hat, an Bedeutung. Denn auch wenn man Bedenken trägt, sich Jesus, den eschatologischen Propheten, den Verkünder des Willens Gottes und der Buße, als orientalischen Weisheitslehrer vorzustellen, und wenn man solche Weisheitsworte nicht als charakteristisch für seine Verkündigung ansieht, so ist die Verbindung solcher Worte mit seiner Verkündigung doch ein Hinweis dafür, wie der Gottesglaube Jesu zu verstehen ist, daß nämlich gewisse Möglichkeiten, nach Gott zu fragen und von Gott zu denken, ganz außerhalb des Kreises der Gedanken liegen, innerhalb deren Jesus sich bewegt.

Und dazu gehört gerade die Frage nach dem Leiden, nach der Theodizee. Daß diese Frage fehlt, ist nämlich keineswegs unter allen Umständen ein Zeichen unentwickelten Denkens oder unreifer, kindlicher Erfassung der menschlichen Existenz, sondern es kann auch das Zeichen einer ganz bestimmten, durchaus nicht kindlichen Deutung des menschlichen Daseins sein. Die alttestamentliche und jüdische Frömmigkeit hat das Auge vor den Leiden, die das Schicksal dem Menschen bringt, in die also seine Existenz verflochten ist, nicht verschlossen. Sie hat sie freilich nicht in der Weise gesehen wie der Mensch einer entwickelteren Kultur, dessen Leben sich von der Natur weit entfernt hat und dessen Dasein weithin im Kämpfen mit den Gewalten der Natur besteht. In der Tat bewegt sich das Leben des Orientalen in der Sphäre des israelitischen und jüdischen Volkes in größerer Nähe zur Natur, als es der moderne Mensch zu sehen gewohnt ist. Aber daß gewisse Worte der orientalischen Weisheit und der Psalmen auch dem modernen Menschen unmittelbar verständlich sind, beruht darauf, daß jene Frömmigkeit eine Tatsache, die der moderne Mensch gerne ignoriert oder mit besonderen Gedanken zu bewältigen sucht, deutlich gesehen hat und mit ihr rechnet: die Sterblichkeit, den Tod. Auch sie sieht, daß die menschliche Existenz aus geheimnisvollem Dunkel auftaucht und von ihm wieder verschlungen wird. Sie redet dann freilich nicht von der »Natur«, sondern von Gott, aber Gott ist die unheimliche Macht, der das menschliche Schicksal preisgegeben ist.

Ja, der Mensch ist wie Gras,
Er blüht gleich der Blume des Feldes:
Geht des Windes Hauch darüber hin,
Ist's fort, und seine Stätte weiß nichts mehr von ihm.

(Psalm 103, 15 u. 16)

Wir müssen dahin,
Dem sprossenden Grase vergleichbar:
Am Morgen blüht es und sproßt,
Am Abend welkt es und dorrt (Psalm 90, 5 u. 6).

Alles Fleisch gleicht dem Gras
Und alle seine Pracht der Blume des Feldes:
Es verdorrt das Gras, es welkt die Blume,
Fährt Gottes Odem über sie hin (Jesaja 40, 6 u. 7).

Der Mensch, der Weibgeborene,
Ist arm an Tagen, doch satt an Plage:
Wie die Blume geht er auf und verwelkt
Und flieht wie der Schatten und hält nicht stand.

(Hiob 14, 1 u. 2)

Aber auch die Plage des Lebens, dessen Gepränge nichts als Trübsal und Nichtigkeit ist (Psalm 90, 10), und das bunte und rätselhafte Spiel des Schicksals mit dem Menschen hat diese Frömmigkeit stark empfunden. Eine naive Theodizee hat sich wohl insofern entwickelt, als man sagte: es geht dem Menschen, wie er es verdient; Gott lohnt die Guten und straft die Frevler. Aber der Wirklichkeit des Lebens gegenüber ließ sich dieser Gedanke nicht aufrechterhalten. Ein resignierter Schicksalsglaube, wie besonders im sog. Prediger Salomo, ist der Schluß der »Weisheit«: es kommt alles, wie es kommen muß, man soll genießen, was man hat, schließlich ist alles eitel. Dieser Schicksalsglaube kann sich auch, wie im Buche Hiob, zu hohem Pathos erheben und wird zu einem Verstummen vor dem allmächtigen, rätselhaften Gott:

Hadern mit dem Allmächtigen will der Tadler?
Der Ankläger Gottes antwortete darauf! –
Fürwahr zu gering bin ich, was soll ich dir erwidern?
Ich lege meine Hand auf meinen Mund (Hiob 40, 2 u. 4).

Die Motive des vertrauensvollen Optimismus und der Resignation gehen in der »Weisheit« nebeneinander her; ein Ausgleich findet nicht statt. Der Mensch betrachtet sein Leben und sein Schicksal wohl mit einem naiven Glücksanspruch, und er ist dankbar, wenn sein Anspruch erfüllt wird, und preist dann Gottes Güte; aber er bescheidet sich, wenn Gott anders will. Er erhebt nicht den Anspruch auf eine Einsicht in das Schicksal und tröstet sich nicht mit dem Gedanken der Gesetzmäßigkeit und Zweckmäßigkeit des Ganzen, des Kosmos. Sondern einerseits hält er daran fest, daß der Mensch seine eigene Existenz hat und nicht ein Glied des Kosmos ist, und andererseits sieht er, daß das Schicksalhafte, die Vergänglichkeit und Ungesichertheit zum Wesen seiner Existenz gehört. Die Frage nach der Theodizee im allgemeinen Sinne, wie die Griechen sie stellten, kann sich hier nicht erheben. Der Mensch kommt nicht auf den Gedanken, sich selbst als einen Fall des Allgemeinen anzusehen und sich dessen zu getrösten. Weil er aber eben die Ungesichertheit und das Schicksalshafte als für die eigentümlich menschliche Existenz wesentlich ansieht, kommt er auch nicht auf den Gedanken, sich von der Natur zu unterscheiden und in sich ein höheres, geistiges Wesen von dem naturhaften, sinnlichen zu unterscheiden. Daher fehlt ebenso das bewundernde Staunen vor den unerschöpflichen Lebenskräften der Natur wie das charakteristisch moderne Grauen vor der blinden Natur, gegen die das geistige, persönliche Leben sich vergebens empört; es fehlt der Glaube an die innere Überlegenheit des Geistes über die Natur, die Anschauung vom Kampf zwischen Geist und Natur, von dem inneren Wachstum, das der Mensch im Kampf mit der Natur gewinnen kann, und es fehlt ebenso der spezifisch moderne Pessimismus der Weltbeurteilung, wie er etwa bei Strindberg oder Spitteler dichterische Gestalt gewonnen hat.

Von Jesus sind nun außer den Worten optimistischen Vorsehungsglaubens auch eine Reihe von Sprüchen jener resignierten Menschen- und Weltbetrachtung überliefert, z. B.:

Die Füchse haben ihre Gruben
  Und die Vögel des Himmels ihre Nester,
Aber der Mensch hat nicht,
  Wo er sein Haupt niederlege (Matth 8, 20).

Wer unter euch kann mit Sorgen seinem Wuchs eine Elle
  zusetzen (Matth 6, 27).

Jeder Tag hat genug an seiner Plage (Matth 6, 34 b).

Wer hat, dem wird gegeben,
Und wer nicht hat, dem wird auch das genommen, was er hat.
(Mark 4, 25)

Was hilft es dem Menschen, die ganze Welt zu gewinnen
und sein Leben zu verlieren?
Was kann der Mensch als Kaufpreis für sein Leben geben?
(Mark 8, 36 u. 37)

Es ist nun weniger bedeutsam, wie viele von solchen optimistischen oder resignierten Weisheitsworten von Jesus wirklich gesprochen worden sind, als zu sehen, daß die Auffassung dieser Weisheit vom Menschen weithin die seine ist. Es fehlen auf alle Fälle unter seinen Worten solche, die das Leiden als Problem behandeln; er kennt die Frage nach der Theodizee nicht. Es ist charakteristisch, daß die alte christliche Kirche sich alsbald vom Problem der Theodizee quälen ließ und daß sie es teils mit Hilfe des alttestamentlichen Vergeltungsglaubens, teils mit Hilfe griechisch-philosophischer Gedanken zu bewältigen suchte. Jesus ist beides in gleicher Weise fremd. Daß er den Lohngedanken nicht im Sinne einer Theodizee benutzt, haben wir gesehen (S. 57 f). Ebenso aber liegt es ihm gänzlich fern, einen Anspruch des Menschen anzuerkennen, daß das Schicksal für ihn begreiflich und bejahenswert sein muß. Eine für den Menschen einsichtige Erklärung des Leidens hat er nicht gegeben, auch für sein eigenes Leiden nicht. Denn die Leidensweissagungen, die sein Leiden und Sterben als gottgewollt und heilsnotwendig hinstellen, sind ihm erst nachträglich von der Gemeinde in den Mund gelegt worden. Hat er wirklich in der Nacht seiner Verhaftung das Gebetswort gesprochen: »Nicht wie ich will, sondern wie du willst«, so enthält dieses Wort ja gerade die Ablehnung einer Theodizee und bedeutet das Verstummen vor Gott wie in der Hiob-Dichtung. Daß das Leiden einen Zweifel am Walten Gottes begründe, hat Jesus nicht gemeint; es würde mit seinem Gottesgedanken unvereinbar sein. Denn der Zweifel setzt voraus, daß der Mensch von sich aus einen Anspruch gegenüber Gott hat und über ein Kriterium verfügt, um zu beurteilen, was Gott angemessen ist und was nicht. Im Sinne Jesu hat nur der Zweifel Sinn, der sich auf den Menschen selbst bezieht und ihn in seiner natürlichen Sicherheit erschüttert; der Zweifel, der dem Menschen klarmacht, daß seine Situation die der letzten Stunde, der Entscheidung ist.

Und darin ist nun auch ein Unterschied der Haltung Jesu von der »Weisheit« gegeben. Nicht darin, daß er ihre Gedanken änderte oder weiterbildete, sondern darin, daß die Betrachtungsweise der »Weisheit« für ihn höchstens eine nebensächliche und gelegentliche ist. Wohl sieht auch er den Menschen so, wie die »Weisheit« ihn sieht, nicht als ein Glied des gesetzmäßigen Kosmos, als einen Fall des Allgemeinen, nicht als ein Doppelwesen aus Natur und Geist, sondern als ein einheitliches Eigenwesen mit seinen Ansprüchen. Aber wenn schon der resignierte Schicksalsglaube diese Ansprüche des Menschen zurückweist, so tut Jesus dies erst recht, da für ihn Gott nicht nur das Schicksal ist, sondern zugleich der heilige Wille, der den Willen des Menschen beansprucht, seinen Gehorsam fordert. Dann ist kein Raum mehr für die Betrachtung des Menschen, sofern er nur ein Schicksal erduldet, sofern er nicht unter Verantwortung, in Entscheidung steht.

Man mag fragen, wie von da aus die Frage nach dem Schicksal, nach dem Leiden beantwortet werden müsse. Jesus hat darüber offenbar nicht reflektiert oder keinen Anlaß gehabt, sich darüber zu äußern. Es kann aber nicht zweifelhaft sein, wie die Antwort im Sinne Jesu lauten muß, von seinem Gottesgedanken, von seiner Auffassung des Menschen aus. Ist für den Menschen jede Situation die der Entscheidung, in der er Gehorsam bewähren soll, so auch die des Leidens; auch in ihr ist der Wille des Menschen in Anspruch genommen, auch in ihr gilt es, auf den eigenen Anspruch zu verzichten, freilich nicht in einem Verzicht der Resignation, sondern in einer Bejahung des Willens Gottes, der der Gott der Zukunft ist und Zukunft gibt. Die Frage der Theodizee aber kann sich nicht erheben; denn sie gehört in einen anderen Kreis von Gedanken über Gott und den Menschen.

Wunderglaube

Die Paradoxie des Glaubens an den fernen und zugleich nahen Gott zeigt sich auch im Wunderglauben Jesu. Daß es Wunder gibt, ist eine Überzeugung, die Jesu mit seinem Volk selbstverständlich gemeinsam ist. Und zwar liegt dabei nicht ein abgeschwächter, übertragener Wunderbegriff vor, wonach an sich natürliche Vorgänge wegen ihrer Bedeutung, ihres überraschenden oder erschreckenden Charakters als Wunder bezeichnet würden, oder wonach etwa gar, in pantheistischer Romantik, gerade das natürliche Geschehen als wunderbar angesehen würde, oder wonach endlich religiöse Erlebnisse als Wunder gelten. Sondern eben ein Ereignis, das wider die Natur ist, das nicht aus den bekannten und gewohnten Ursachen des Geschehens hervorzugehen scheint, wird als Wunder bezeichnet und auf eine übernatürliche Kausalität zurückgeführt, sei es auf das Wirken Gottes oder auf das Wirken von Dämonen; denn wie Gott, so kann auch der Satan Wunder tun. Daß ein Vorratskrug sich nie leert, daß eine Greisin gebiert, daß Eisen schwimmt, sind Wunder; daß 5000 Menschen mit fünf Broten und zwei Fischen gespeist werden, daß ein Kranker durch Handauflegung und ein einziges Wort geheilt wird, sind Wunder. Also Vorgänge, die an sich keinen religiösen Charakter haben, die aber auf göttliche (oder dämonische) Kausalität zurückgeführt werden und demzufolge eine bestimmte Gottesauffassung voraussetzen.

Die christliche Gemeinde war überzeugt, daß Jesus Wunder getan hat, und erzählte von ihm eine Menge von Wundergeschichten. Die meisten dieser in den Evangelien enthaltenen Wunderberichte sind legendarisch, zum mindesten legendarisch ausgeschmückt. Aber daran kann kein Zweifel sein, daß Jesus solche Taten getan hat, die in seinem und seiner Zeitgenossen Sinn Wunder waren, d. h. die auf übernatürliche, göttliche Kausalität zurückgeführt wurden; zweifellos hat er Kranke geheilt, Dämonen vertrieben. Sowenig er der Forderung willfährt, sich durch ein Wunder zu legitimieren (Mark 8, 11 u. 12), so sehr hat er offenbar selbst seine Wunder als ein Zeichen für das Hereinbrechen der Gottesherrschaft aufgefaßt (Luk 11, 20; Mark 3, 27; Matth 11, 5), genau wie später seine Gemeinde überzeugt war, daß die Kräfte der messianischen Zeit in ihr schon lebendig seien und Wunder wirkten (Apostelgesch 2, 43; 4, 12 usw.) und wie seine Apostel in seiner Kraft Wunder zu tun meinten (Mark 6, 7; 2. Kor 12,12).

Ebenso deutlich ist auch, daß für Jesus das Wunder nicht ein Beweis für die Existenz und das Walten Gottes ist wie für spätere Apologetik; denn den Zweifel an Gott kennt er überhaupt nicht. Das Wunder setzt für ihn und seine Sphäre vielmehr den Gottesglauben voraus. Deshalb legt Jesus offenbar keinen besonderen Wert auf seine Wunder, und jedenfalls ist er nicht wundersüchtig und schwelgt nicht in seinem Vermögen, Wunder zu tun, wie andere antike und moderne Heilande.

Es liegt nun nicht viel daran, genauer zu untersuchen, wieviel von den evangelischen Wunderberichten historisch ist. Auch daran ist nicht viel gelegen, zu erörtern, inwiefern wir heute jene Taten Jesu als Wunder bezeichnen würden, d. h. auf eine göttliche Kausalität zurückführen würden, bzw. inwiefern wir es nicht tun würden. Es lohnt sich höchstens zu betonen, daß derjenige den Wunderglauben

Jesu gänzlich verfehlt, der sich diese göttliche Kausalität nach Analogie der naturgesetzlichen vorstellen würde und über die Gesetze einer übersinnlichen Wirklichkeit der Geisterwelt spekulieren würde. Denn den Gesetzesbegriff hat Jesus weder auf Gott noch auf die Welt angewandt, und sein Kausalitätsbegriff ist nicht der abstrakte, sondern der konkrete, der eine bestimmte Erscheinung auf eine bestimmte Ursache zurückführt, so wie die alltägliche Erfahrung ihn gelehrt hat. Ihm liegt letztlich die Auffassung des Menschen von seiner eigenen Existenzweise zugrunde, in der es ja so zugeht, daß eine Handlung aus einer bestimmten Absicht, einem Willen hervorgeht. Ursprünglich schreibt der primitive Mensch auch den Dingen seiner Umwelt, den Naturobjekten, bestimmte Absichten zu, wie heute noch das kleine Kind. Die Gewohnheit des Alltäglichen läßt ihn das vergessen, und er fragt nach einer dahinterstehenden Absicht nur noch, wo es sich um Ereignisse handelt, die über das Alltägliche hinausgehen, die ihm eben »wunderbar« sind. Er nimmt aber dann nicht die Kausalität einer höheren Gesetzmäßigkeit an, sondern die Kausalität einer bestimmten Absicht, eines Willens, der – da er kein menschlicher ist – göttlich oder dämonisch sein muß. Der Wunderglaube Jesu bedeutet also nicht, daß Jesus von besonderen übernatürlichen Kräften und Gesetzen überzeugt gewesen sei, sondern einfach, daß für ihn bestimmte Geschehnisse direkt als Handeln Gottes galten, daß er bestimmte Vorgänge in besonderem Sinn auf den Willen Gottes zurückführte.

Damit aber ist das eigentliche Problem des Wunderglaubens Jesu gegeben, nämlich die Frage nach seinem Zusammenhang mit den Gottesgedanken. Wie läßt es sich vereinen, daß Gott, der Allmächtige, die alles bestimmende Macht ist, die in jedem Geschehen waltet, und daß doch einzelne Ereignisse in besonderem Sinn auf seinen Willen zurückgeführt werden? Zerstört nicht der Wunderglaube den Allmachtsgedanken? Setzt er nicht voraus, daß im allgemeinen Gott nicht wirke, wenn besondere Ereignisse als sein Handeln vom alltäglichen Geschehen unterschieden werden? Tut sich hier nicht derselbe Dualismus auf wie früher in der Frage: ist Gott wirklich als Herr der Gegenwart gedacht, wenn er erst als Herr der Zukunft erwartet wird? Die Besinnung auf diese Frage muß dazu dienen, die Eigenart des Gottesgedankens Jesu genauer zu erfassen.

Man kann zunächst, wenn man das Problem von außen ansieht, sagen: das ist ja gerade das Eigentümliche am Phänomen der Religion, daß das Nebeneinander von Allmachts- und Wunderglauben zu jeder lebendigen Frömmigkeit gehört. Der Fromme glaubt zwar vertrauensvoll an Gottes Allmacht und Allwirksamkeit, aber er hofft doch, ihre wunderbaren Beweise in seinem Leben zu sehen und freut sich ihrer. Indessen ist durch diese äußerliche Betrachtung der Sinn der Paradoxie noch nicht erkannt. Die Paradoxie ist nämlich nicht in der psychischen Verfassung des Glaubenden, sondern im Wesen des Glaubens begründet. Weil für Jesus Gott nicht ein Objekt des Denkens ist, haben auch die Aussagen des Glaubens über Gott nicht den Charakter allgemeiner Wahrheiten, die für das Denken gültig sind, ohne in der existentiellen Situation des Glaubenden begründet zu sein. Der Satz von Gottes Allmacht ist also kein allgemeingültiger Satz, der nach Belieben angewandt werden könnte, den man voraussetzen könnte, um von da aus die Welt zu betrachten. Sondern er besagt zuerst und immer, daß Gott die meine konkrete Existenz bestimmende Macht ist, kann also sinnvoll nur gesprochen werden, wenn ich dies als Tatsache erfahre, wenn Gott mich dies als Tatsache erfahren läßt, wenn er mir seine Allmacht zeigt. Das aber ist immer ein Wunder, d. h. immer ein Akt des göttlichen Willens, der sich meiner Verfügung entzieht. Der Glaubenssatz, daß Gott der Allmächtige sei, ist also immer von dem Eingeständnis begleitet, daß ich diese Allmacht nicht beliebig als allgemeingültige Tatsache wahrnehmen und mit ihr rechnen kann, sondern nur, wenn es Gott gefällt. In dem Ruf: *Ich glaube, hilf meinem Unglauben!*, den der Vater des kranken Kindes an Jesus richtet, kommt diese Paradoxie zu deutlichem Ausdruck (Mark 9, 24). Es besteht also in der Tat für das Auge des Menschen ein Dualismus, indem ihm das alltägliche Geschehen Gott verhüllt und er nur im Wunder Gott wahrzunehmen vermag. Dennoch weiß der Glaube, daß Gott der Allmächtige ist, aber er hat das Recht dazu eben auf Grund des Wunders.

Das ist freilich nicht so gemeint, daß für den Zweifelnden das Wunder ein Beweis für die Tatsache der Existenz Gottes und seines Waltens wäre. Denn damit wäre ja der Satz von Gottes Walten als allgemeine Wahrheit angesehen, die sich durch Gründe für jedermann einleuchtend machen ließe. Auch wäre das Wunder dabei als ein allgemein wahrnehmbares, seltsames Faktum angesehen, aus dem der Schluß gezogen wird, daß es auf göttlicher Kausalität beruht, während das Wunder ja als solches das Handeln Gottes bedeutet und also nicht erst der Schluß aus dem Wahrgenommenen, sondern die Anschauung selbst das Ereignis als Wunder auffaßt. Also nur, wo mit der Anschauung des Wunders zugleich der Glaube entsteht, ist echter Glaube da. Und sowenig es einen Allmachtsglauben im allgemeinen gibt, sowenig gibt es einen Wunderglauben im allgemeinen, d. h. es können nicht Ereignisse, die für Jesus Offenbarungen des Willens Gottes, Wunder, waren, allgemeingültig als Wunder ausgeboten werden, etwa gar, damit man auf Grund ihrer glaube. Denn für den, in dessen Existenz diese Ereignisse nicht mit der Kraft des Handelns Gottes glaubenschaffend eingreifen, können sie offenbar nicht Wunder sein, sondern höchstens seltsame Ereignisse.

In einem Sinne ist freilich der Gottesglaube Voraussetzung des Wunderglaubens, freilich nicht der Gottesglaube als eine Betrachtungsweise des Weltgeschehens – denn dies verhüllt Gott immer, wenn er sich nicht selbst im Wunder offenbaren will, – aber als der Gehorsam, der bereit ist, den Anspruch Gottes auf den Menschen in jeder Situation zu vernehmen. *Der* Zweifel also, der von dem Anspruch des Menschen ausgeht, über ein Kriterium zu verfügen, um zu konstatieren, ob Gott sei oder nicht, wird nie Wunder sehen, sondern nur *der* Zweifel, der an der eigenen Kraft verzweifelt, Gott sehen zu können, wenn er sich nicht selbst offenbart, der aber bereit ist, Gott zu sich reden zu lassen.

Versteht man Jesu Wunderglauben als die allgemeine Überzeugung, daß gewisse Vorgänge, die wir heute auf natürliche Ursachen zurückzuführen pflegen, auf einer höheren göttlichen Kausalität beruhen, so ist er sinnlos und hat kein Verhältnis zu seinem Gottesgedanken. Versteht man ihn aber als den Ausdruck des Glaubens, daß Gottes Wille nicht im allgemeinen sichtbar ist, sondern sich in einzelnen besonderen Geschehnissen zeigt, so gehört er notwendig mit seinen Gottesgedanken zusammen. Er enthält dann die gleiche Paradoxie, die für den Gottesgedanken Jesu überhaupt charakteristisch ist: das Nebeneinander des fernen und des nahen Gottes. Gott ist fern, jenseitig, sofern das alltägliche Geschehen ihn dem Unglauben verhüllt; Gott ist nahe für den Glauben, der sein Wirken schaut. Aber auch insofern ist der Wundergedanke ein notwendiger Ausdruck des Gottesgedankens Jesu, als er den Gegensatz des Gottesgedankens zum Gedanken des Gesetzes deutlich macht. Gottes Handeln ist nicht die Äußerung des Weltgesetzes, sondern beruht auf seinem freien persönlichen Willen. Im Gedanken des Wunders ist also die für das Denken verständliche Notwendigkeit des Geschehens geleugnet; wer ein Ereignis als Wunder ansieht, führt es unmittelbar auf den Willen Gottes zurück. Der Gedanke des Wunders und damit der Gottesgedanke Jesu überhaupt bedeutet den Verzicht auf das Verständnis des Weltgeschehens aus einer allgemein einsichtigen Gesetzlichkeit. Der Gedanke des Wunders, der Gedanke Gottes im Sinne Jesu hebt den Gedanken der Natur auf. Wer Jesu Gedanken bejahen will, nimmt also die Paradoxie in Kauf, daß ein Ereignis, das er, theoretisch betrachtet, als natürliches Geschehnis, als ein Glied in dem durch die Gesetzlichkeit bestimmten Weltgeschehen, auffassen muß, tatsächlich etwas anderes ist, nämlich ein direktes Handeln Gottes. Er suspendiert, wenn er »Wunder« sagt, den Gedanken der Natur, die Anschauung von Ursache und Wirkung, die sonst sein Denken bestimmt. Er weiß aber, daß er das nicht nach Belieben kann und von sich aus nicht das Recht dazu hat. Denn Gott ist der ferne Gott, den der Naturlauf dem Auge verhüllt, er ist der nahe nur für den Glauben, und der Glaube entsteht nur mit dem Wunder. Das »Natürliche« ist für den Menschen die glaubenslose Betrachtung der Welt, von der er sich nicht nach Belieben freimachen kann.

Gebetsglaube

Die gleiche Paradoxie tritt im Gebetsglauben Jesu hervor. Das kultische wie das private Gebet war im Judentum zur Zeit Jesu außerordentlich entwickelt und gepflegt. Daß Jesus und die Seinen beten, ist also nichts Auffallendes und Neues; der fromme Jude hatte – sehr wahrscheinlich schon zur Zeit Jesu – ein Gebet, das er dreimal am Tage sprechen mußte, das sogenannte Achtzehn-Bitten-Gebet. Die Anhängerschaft des Täufers hatte ihr eigentümliches Gebet, wie wir aus einer Anspielung Luk 11, 1 wissen; ebenso hatte die christliche Gemeinde ihr Gebet, das Vaterunser, das man auf Jesus zurückführte, wie die Johannessekte ihr Gebet auf ihren Meister zurückführte (Matth 6, 9–13; Luk 11, 1–4). Wieweit das Vaterunser wirklich auf Jesus zurückgeht, ist nicht mehr festzustellen; zum mindesten muß es charakteristisch für ihn sein.

Der älteste Wortlaut ist auch nicht sicher festzustellen, da Matthäus und Lukas unter sich verschieden sind, und da – namentlich bei Lukas – die verschiedenen Handschriften stark voneinander abweichen. Der älteste Matthäustext heißt wahrscheinlich:

Unser Vater im Himmel!
Geheiligt werde dein Name,
Es komme deine Herrschaft,

Es geschehe dein Wille wie im Himmel, so auch auf Erden!
Unser tägliches (?) Brot gib uns heute,
Und vergib uns unsere Schulden,
Wie wir unsern Schuldnern vergeben,
Und führe uns nicht in Versuchung,
Sondern errette uns vor dem Bösen!

Der älteste Lukastext lautet mutmaßlich:
Vater!
Geheiligt werde dein Name,
Es komme deine Herrschaft!
Unser tägliches (?) Brot gib uns täglich,
Und vergib uns unsere Sünden,
Denn auch wir vergeben jedem, der uns schuldig ist,
Und führe uns nicht in Versuchung!

Die ersten der drei Bitten (nach dem Matthäustext) sind vermutlich alle eschatologisch gemeint, d. h. sie bitten, daß die Gottesherrschaft kommen möge, da Gottes Name geheiligt und sein Wille auf Erden erfüllt wird. Doch könnte das »Geheiligt werde dein Name« auch ein hymnischer Preis als Einleitung des Gebetes sein. Die vierte Bitte geht um das leibliche Leben, die fünfte um Sündenvergebung. Die sechste bedeutet vielleicht, daß Gott den Beter bewahren möge, in der Stunde der Gefahr und Verfolgung abzufallen; dann würde diese Bitte schwerlich von Jesus selbst stammen, vielmehr wohl in der Gemeinde ihren Ursprung haben.

Die Eigenart des Vaterunsers gegenüber jüdischen Gebeten besteht nun nicht darin, daß seine Formulierung und sein Inhalt besonders originell wären. Im Gegenteil; alle Bitten haben ihre Parallelen in jüdischen Gebeten, zum großen Teil gerade auch in dem genannten Achtzehn-Bitten-Gebet. Eigenartig ist das Vaterunser dagegen durch seine große Einfachheit und Kürze, durch den Verzicht auf pomphafte Anrufungen und Huldigungen Gottes, wie sie mindestens für die liturgischen und literarischen Gebete der Juden charakteristisch sind, und durch die Ausscheidung aller nationalen Bitten. Diese Einfachheit wird für Jesu Auffassung vom Gebet bezeichnend sein. Auch in ihr prägt sich aus, daß das Gebet nicht als Leistung angesehen wird, um derentwillen Gott den Beter erhören müsse. Diese Meinung wird als heidnisch ausdrücklich abgewiesen: *Und wenn ihr betet, so plappert nicht wie die Heiden, denn sie meinen erhört zu werden, wenn sie viele Worte machen* (Matth 6, 7).

So ist das Beten natürlich auch nicht ein besonders gutes, frommes Werk, auf das man gar andern gegenüber stolz sein könnte, sondern es ist ein Reden mit Gott, das ihn allein angeht (Matth 6, 5–6). Es begründet keinen Anspruch des Beters, sondern es wendet sich an die Güte Gottes, deren man gewiß sein darf; gibt doch schon ein irdischer Vater den Kindern, die ihn bitten, Gutes; wieviel mehr erst Gott! (Matth 7, 7–11). Aber wiederum ist die Güte Gottes nichts Verfügbares, keine allgemeingültige Tatsache, mit der man einfach rechnen kann; sondern von ihr reden, auf sie vertrauen kann nur, wer solche Güte in seine eigene Wirklichkeit aufnehmen will, in seinem eigenen Leben herrschen lassen will. Um die Vergebung der Schuld kann nur bitten, wer selbst die Schuld vergibt:

Denn wenn ihr den Menschen ihre Vergehen verzeiht,
So wird euer himmlischer Vater auch euch verzeihen.
Wenn aber ihr den Menschen nicht verzeiht,
So wird euer Vater auch euch die Vergehen nicht verzeihen.

(Matth 6, 14–15)

Wie wenig die Bereitwilligkeit zu verzeihen einen Anspruch auf die Vergebung Gottes begründet, zeigt die Zurückweisung der Meinung, daß es genug sei, dem Bruder siebenmal zu vergeben (Matth 18, 21–22); das bedeutet: wo von vergeben die Rede ist, handelt es sich überhaupt nicht um meßbare Leistungen, mit denen man rechnen kann und die einen Anspruch begründen, sondern es handelt sich um die Haltung des Menschen, die auf einen eigenen Anspruch überhaupt verzichtet. Das verdeutlicht die Parabel vom »Schalksknecht«:

Darum gleicht die Herrschaft des Himmels einem Könige, der mit seinen Knechten abrechnen wollte. Als er anfing zu rechnen, wurde ihm einer vorgeführt, der zehntausend Talente schuldig war. Da er aber nicht zahlen konnte, ließ der Herr ihn verkaufen mit Weib und Kind und aller Habe zur Bezahlung. Da fiel ihm jener Knecht zu Füßen und sprach: Hab Geduld mit mir, so will ich dir alles bezahlen! Da erbarmte es den Herrn jenes Knechtes; er ließ ihn los, und die Schuld erließ er ihm auch.

Als aber jener Knecht hinausgegangen war, traf er einen seiner Mitknechte, der ihm hundert Denare schuldig war, und er packte und würgte ihn und sprach: Bezahl mir was du schuldig bist! Da fiel ihm der Mitknecht zu Füßen und bat ihn: Hab Geduld mit mir, so will ich dir bezahlen! Er aber wollte nicht, sondern ging und warf ihn ins Gefängnis, bis er seine Schuld bezahlt hätte.

Als nun seine Mitknechte das sahen, wurden sie sehr aufgebracht und gingen und erzählten alles ihrem Herrn. Da ließ ihn sein Herr kommen und sprach zu ihm: Du gemeiner Knecht! Deine ganze Schuld habe ich dir erlassen, weil du mich batest! Hättest du nicht auch Mitleid haben müssen mit diesem Mitknecht, wie ich Mitleid mit dir hatte? Und voll Zorn übergab ihn sein Herr den Peinigern, bis er die ganze Schuld bezahlt hätte. So wird euch mein himmlischer Vater auch tun, wenn ihr nicht von Herzen ein jeder seinem Bruder vergebt (Matth 18, 23–35).

Jesu überlieferte Worte über das Gebet beziehen sich fast durchweg auf das Bittgebet. Charakteristisch sind seine Mahnungen zum Bittgebet.

Bittet, so wird euch gegeben,
Sucht, so werdet ihr finden,
Klopft an, so wird euch aufgetan werden.
  Denn wer bittet, der empfängt,
    Und wer sucht, der findet,
    Und wer anklopft, dem wird aufgetan werden.
  Oder wer unter euch, den sein Sohn um Brot bittet,
    Wird ihm einen Stein reichen?
  Oder, wenn er ihn um einen Fisch bittet,
    Wird ihm eine Schlange reichen?
Wenn nun ihr, die ihr böse seid, euren Kindern wisset gute Gabe
                                    darzureichen,
Wieviel mehr wird euer Vater im Himmel Gutes geben denen,
                        die ihn bitten? (Matth 7, 7–11).

Vor allem mahnen zwei merkwürdige Parabeln zum anhaltenden Bittgebet:

Wer von euch hat einen Freund? Wenn der nun zu ihm kommt um Mitternacht und zu ihm sagt: Freund, leihe mir drei Brote, denn ein Freund von mir ist auf der Reise zu mir gekommen, und ich habe nichts ihm vorzusetzen! – wird er dann von drinnen antworten: Belästige mich nicht, die Tür ist schon geschlossen, und meine Kinder sind bei mir im Bett; ich kann nicht aufstehen und dir geben? Ich sage euch: wenn er nicht aufsteht und ihm gibt um deswillen, weil er sein Freund ist, so wird er doch, weil jener nicht weicht und wankt, sich erheben und ihm geben, was er nötig hat (Luk 11, 5–8).

Er sagte ihnen aber ein Gleichnis dafür, daß sie allezeit beten sollten und nicht müde werden: Ein Richter war in einer Stadt, der Gott nicht fürchtete und sich um keinen Menschen kümmerte. Und eine Witwe war in jener Stadt, die kam zu ihm und sagte: schaff mir Recht gegen meinen Widersacher! Und erst wollte er nicht, dann aber sagte er zu sich: wenn ich auch Gott nicht fürchte und mich um keinen Menschen kümmere, so will ich doch dieser Witwe Recht schaffen, weil sie mich nicht in Ruhe läßt. Sonst kommt sie schließlich noch und fährt mir ins Gesicht! (Luk 18, 1–5).

Man kann zweifeln, ob die Parabeln zum Bittgebet überhaupt mahnen wollen oder speziell zur Bitte um das Kommen der Gottesherrschaft; im letzteren Sinne hat jedenfalls Lukas die zweite Parabel gedeutet. Aber man kann nicht zweifeln, daß, wenn Jesus zum Bittgebet mahnt, dann die Bitte im eigentlichen Sinne gemeint ist, d. h. im Gebet soll sich nicht die Ergebung in Gottes unabänderlichen Willen vollziehen, sondern das Gebet soll Gott bewegen, etwas zu tun, was er sonst nicht tun würde. Natürlich soll es nicht mit magischem Zwang auf Gott wirken, aber es soll ihn bewegen, so wie ein Mensch den andern durch seine Bitten bewegt. Natürlich besteht für Jesus nicht das theoretische Bedenken, wie das möglich sei; da für ihn der Gottesgedanke nicht durch den Gedanken der Gesetzlichkeit charakterisiert ist. In der gleichen Weise wie im Wunderglauben ist natürlich auch im Gebetsglauben der Gedanke der Natur bzw. der Gesetzlichkeit aufgehoben. Wenn Gottes Handeln frei ist, so kann er offenbar dieses oder jenes tun, und ich kann ihn bitten, daß er das eine tue. Das Weltgeschehen beruht nach Jesu Glauben nicht auf einer gesetzesmäßigen Notwendigkeit, sondern auf Gottes freier Tat, auch das künftige Geschehen. Wie sollte ich ihn also nicht bitten können? Aber ist damit nicht der Gottesgedanke verletzt? Kann solcher Gebetsglaube mit dem Allmachtsgedanken zusammen bestehen? Ist das noch Gott, wenn er durch die Bitten der Menschen in seinem Handeln beeinflußt wird? Hebt der Betende nicht mit solcher Voraussetzung den Allmachtsgedanken auf?

In der Tat ist im Bittgebet der Allmachtsgedanke aufgehoben; aber daran wird nur wieder sichtbar, daß der Allmachtsgedanke als allgemeine Wahrheit, als theoretische Betrachtungsweise nicht in die Gottesanschauung Jesu hineingehört. Gewiß ist Gott für Jesus allmächtig, aber im Bittgebet liegt das Eingeständnis, daß der Allmachtsgedanke dem Menschen gar nicht als Betrachtungsweise zur Verfügung steht, daß der Mensch tatsächlich gar nicht die Anschauung von Gott als dem Allmächtigen hat. Ebendeshalb aber ist das Bittgebet die Sache des Menschen, der seine Situation vor Gott recht

erfaßt; wollte er um des Allmachtgedankens willen auf das Bittgebet verzichten, so würde er sich eine Anschauung Gottes anmaßen,
die er gar nicht hat. Würde er Gott als den Allmächtigen schauen,
würde ihm die Tatsache der Allmacht Gottes offenbar sein in seiner
eigenen Wirklichkeit, so hätte er freilich keinen Anlaß zu bitten.
Aber Jesus weiß, daß das gar nicht die tatsächliche Situation des
Menschen ist, für den Gott, der Allmächtige, zunächst der ferne Gott
ist, also muß er bitten, daß Gott ihm sein Handeln zeige.

Aber ein noch schwereres Problem erhebt sich: wie verträgt sich
das Bittgebet mit dem Gehorsamsgedanken? Wie kann ich bitten,
wenn ich Gott gegenüber auf jeden Anspruch verzichte? Aber der
Verzicht auf den eigenen Anspruch bedeutet nicht Resignation oder
Askese, Vernichtung meiner Wünsche, die, wenn ich sie negiere, nicht
minder im Tiefsten meine Wünsche bleiben. Der Gehorsam kann sich
also nur darin vollziehen, daß ich diese meine Wünsche vor Gott
offenbare, sie ihm bekenne, also im Bittgebet. Freilich nicht, indem
ich sie als Anspruch geltend mache, sondern also stets begleitet von
dem: »nicht wie ich will, sondern wie du willst!« Aber darin unterscheidet sich Jesu Gottesglaube von jeglicher Askese und Resignation, daß zugleich mit dem Verzicht auf den Anspruch, mit dem Gehorsam, der Glaube besteht, daß Gott für mich da ist und für mich
handelt. Dieser Ich, der betet, ist aber ja der von seinen Wünschen erfüllte, der, wenn er seine Situation recht erfaßt, also gar nicht anders
kann, als Gott bitten. So wird die Einbildung ferngehalten, als
könne der Mensch durch resignierten oder asketischen Verzicht
sich in ein Stadium der Gottesnähe bringen, sich vor Gott stellen
als einer, dessen Gehorsam erfüllt ist. Nein, da Gott für den Menschen zunächst der ferne Gott ist, muß er ihn bitten, damit er gehorsam sein kann. Wohl aber kann man fragen, wer das vermag;
wer den Glauben hat, mit dem Verzicht auf den Anspruch, d. h. Gott
seine Wünsche zum Opfer bringend, zugleich im Vertrauen um die
Erfüllung seiner Wünsche zu bitten. Und es ist verständlich, wenn
dem Menschen, der beten will, die Bitte verstummt und der Glaube
sich dessen tröstet, was Paulus sagt: *Der Geist hilft unsrer Schwach-
heit auf. Denn wir wissen nicht, was wir beten sollen, wie sich's ge-
bührt. Aber der Geist selbst vertritt uns mit unaussprechlichen
Seufzern. Er aber, der die Herzen erforscht, er weiß, was des Geistes
Sinn sei* (Röm 8, 26 u. 27).

Moderne Umdeutungen des Gebets aber, daß es ein inneres Sich-
abfinden mit dem Schicksal, ein andachtsvolles Sichunterwerfen un-

ter den Ratschluß Gottes sei, liegen Jesus gänzlich ferne; sein Gebetsglaube enthält die Paradoxie des Miteinander von Opferwillen und vertrauender Bitte. Es fehlt deshalb auch jede Reflexion über die Wirkung des Gebets auf die seelische Verfassung des Betenden, wie sie der moderne Mensch so gerne anstellt, mögen solche Gedanken auch an sich richtig sein. Oder wer hätte schöner über die Wirkung des Gebetes geredet, als es in dem Verse Achim von Arnims geschieht:

> Wir steigen im Gebete
> Zu ihm wie aus dem Tod.
> Sein Hauch, der uns umwehte,
> Tat unserm Herzen not.

Aber daran denkt Jesus nicht. Es ist deshalb auch gänzlich verfehlt, vom Gebetsleben Jesu, von ihm als Beter zu reden, ihn etwa gar — wozu man ja auch historisch gar kein Recht hat — als den gewaltigsten Beter der Geschichte zu bezeichnen. Wie ein Mensch gebetet hat, geht keinen andern Menschen etwas an, auch den Historiker nicht. Und wer sich ein Urteil darüber erlaubt, wie gewaltig oder innig Jesus gebetet habe, beweist damit nur, daß er Jesu Auffassung vom Gebet nicht versteht oder respektiert. Denn wer so urteilt, sieht im Gebet entweder nur ein psychisches Phänomen, das Objekt interessanter Analyse werden kann, oder er maßt sich Gottes eigenes Recht an. Denn nach Jesu Meinung ist das Gebet ein Reden mit Gott; wer meint, es zu vernehmen, so wie es gesprochen ist, der behauptet damit also, sich an Gottes Stelle zu setzen.

Der Glaubensbegriff

Für den Wunder- und Gebetsglauben verwendet Jesus auch das Wort »Glauben«. So z. B. in dem Worte:

> *Wenn ihr Glauben habt wie ein Senfkorn,*
> *So werdet ihr zu diesem Berge sagen: geh' von hier fort dorthin,*
> *Und er wird fortgehen* (Matth 17, 20).

Dem Vater des epileptischen Knaben ruft er zu: *Alles ist möglich dem, der glaubt!* (Mark 9, 23). Die Menschen werden in diesem Sinne wegen ihres Unglaubens oder Kleinglaubens gescholten (Mark 9, 19; Matth 6, 30). Dagegen bedeutet für ihn das Wort »Glaube« noch nicht, wie später für Paulus und Johannes, den Gehorsam des Menschen unter die Heilsoffenbarung Gottes, wenn auch dieser Sprachgebrauch gelegentlich in die evangelische Überlieferung eingedrungen ist (Mark 1, 15; Luk 18, 8 u. a.). Sowenig also der Ausdruck »Glaube« bei ihm eine besondere Rolle spielt, so charakteristisch ist er doch für seinen Gottesgedanken. Insofern nämlich, als Jesus nicht vom Gottesglauben im allgemeinen redet, sondern nur mit Bezug auf bestimmte, aktuelle Möglichkeiten. Wenn z. B. der Verfasser des Jakobusbriefes im Streit gegen einen rein theoretisch gefaßten Glaubensbegriff sagt: *Du glaubst, daß ein Gott ist? Da tust du etwas Rechtes! Auch die Dämonen glauben ja und zittern!* (Jak 2, 19) — so entspricht der hier vorausgesetzte Glaubensbegriff nicht dem Jesu. Dieser intellektualistische Glaubensbegriff, wonach der Gottesglaube ein Stück Weltanschauung ist, eine allgemeine theoretische Überzeugung von der Existenz Gottes, ist entstanden in der Missionspraxis, wo es galt, gegenüber dem Polytheismus den Glauben an *einen* Gott zu verkünden. Die Heiden gelten als die, die Gott nicht »kennen« (Galater 4, 8; 1. Thessalonicher 4, 5); und so erscheint der »Glaube« als das richtige Wissen über Gott. In einer christlichen Schrift des zweiten Jahrhunderts, dem sog. Hirten des Hermas, wird als erstes Gebot vorgetragen: *Zuerst vor allem glaube, daß Gott einer ist, der alles schuf und gestaltete, der das All aus dem Nichtsein ins Dasein rief, der selbst unbegreiflich alles in sich begreift.* In diesem Sinne also, nach dem der Gottesglaube ein Stück Weltanschauung ist, im Gegensatz zu einer andern Weltanschauung steht, im Gegensatz auch zum Zweifel an Gottes Existenz, redet Jesus nicht vom Glauben. Sondern der Glaube ist für ihn die Kraft, in bestimmten Augenblicken des Lebens Ernst zu machen mit der Überzeugung von der Allmacht Gottes, ist die Gewißheit, daß man in solchen bestimmten Augenblicken wirklich Gottes Handeln erfahren wird, ist die Überzeugung, daß der ferne Gott wirklich der nahe ist, wenn der Mensch nur seine gewöhnliche Haltung verlassen will und wirklich bereit ist, den nahen Gott zu schauen. Man kann also im Sinne Jesu nur glauben, wenn man gehorsam ist, und so ist auch jeder leichtsinnige Mißbrauch des Gottesglaubens ausgeschlossen.

Gott der Vater

Als der nahe Gott heißt Gott der Vater, dessen Kinder also die Menschen sind. Aber dabei ist wieder entscheidend, daß Jesus damit nicht etwa einen neuen Gottesbegriff lehren will und nicht etwa die Tatsache von der Gotteskindschaft der Menschen als etwas Neues und Unerhörtes vorträgt. Tatsächlich war ja die Anschauung von Gott als dem Vater dem Judentum geläufig, und Gott wurde von der betenden Gemeinde wie von einzelnen Frommen als der Vater angerufen. Daß der Mensch, wenn er Gottes Geboten gehorcht, sich als Sohn Gottes ansehen darf, sagt das Judentum wie Jesus. In der Spruchsammlung des Siraziden heißt es:

Sei den Waisen ein Vater
Und der Stellvertreter des Mannes für die Witwen.
Dann wird Gott dich Sohn nennen
Und dir gnädig sein und dich vom Verderben erretten (4, 10).

Und Jesus mahnt:

Liebt eure Feinde und betet für eure Verfolger, damit ihr Söhne
seid eures Vaters im Himmel (Matth 5, 44 f).

»Sohn Gottes« sein, ist das Höchste, was man vom Menschen sagen kann, das Letzte; und so begegnet die Bezeichnung denn auch als eschatologischer Titel im Judentum und in Herrenworten. Als im siebzehnten sog. Salomonischen Psalm geschildert wird, wie in der Endzeit der Messias im Heiligen Lande regieren wird, heißt es:

Er kennt sie, daß sie alle Söhne ihres Gottes sind (17, 30).

Und im sog. Jubiläenbuch verheißt Gott den Israeliten für die Heilszeit:

Sie werden nach meinem Gebote tun, und ich werde ihr Vater sein,
und sie werden mir Kinder sein.
Und sie alle sollen Kinder des lebendigen Gottes heißen, und alle
Engel und alle Geister werden wissen und werden sie kennen, daß
sie meine Kinder sind und ich ihr Vater bin in Festigkeit und Gerechtigkeit, und daß ich sie liebe (1, 24 u. 25).

So verheißt das Jesuswort:

Heil den Friedfertigen, denn sie werden Gottes Söhne heißen!

(Matth 5, 9)

und in dem nur bei Lukas überlieferten Wort über die Auferstandenen heißt es von diesen:

Sie sind gleich den Engeln, und sie sind Söhne Gottes, da sie Söhne der Auferstehung sind (20, 36, doch ist der Text nicht zuverlässig überliefert).

Dieser Sprachgebrauch zeigt deutlich, daß es sich nicht um eine neue Idee über Gott und Mensch handelt, die Jesus vorgetragen habe, er zeigt aber wieder deutlich den charakteristischen Gottesgedanken Jesu. Das wird klar, wenn man daran denkt, daß die Bezeichnung Gottes als des Vaters vielen Religionen und religiösen

Weltanschauungen gemeinsam ist. So hatte schon die alte Stoa Gott als den Vater bezeichnet, und bei den späteren Stoikern ist diese Bezeichnung der charakteristische Ausdruck ihrer Frömmigkeit und ihrer Auffassung des Menschen. Und zwar prägt sich darin die Anschauung aus, daß der Mensch als Glied des ganzen göttlichen Kosmos von Natur mit Gott verwandt und sein Sohn sei. Dies wird ausdrücklich (z. B. von Epiktet) als »Dogma« hingestellt und daraus gefolgert, welche Verpflichtung für den Menschen aus dieser Würde folgt und welche Sicherheit, wenn der Mensch sich der Vorsehung seines Vaters getrösten könne. Die Gotteskindschaft des Menschen ist hier also eine allgemeine Wahrheit, die von dem Menschen schlechthin gilt, die die Idee des Menschen charakterisiert. Die Gotteskindschaft kommt dem Menschen von Natur zu und ist etwas, was ideell von ihm gilt, also jenseits seiner konkreten Existenz im Hier und Jetzt liegt. Umgekehrt ist der Gedanke der Gotteskindschaft im Judentum und bei Jesus gemeint. Auf das Volk bezogen, wie es zwar nicht bei Jesus, aber oft in der jüdischen Literatur vorkommt: nicht von Natur, als Menschen, sind die Juden Gottes Kinder, sondern durch Gottes freie Wahl und durch die Taten, die er an ihnen erweist. Und auf das Individuum bezogen: nicht von Natur ist der Mensch Gottes Kind, sondern er kann es sein im Gehorsam gegen Gott und durch Gottes Heilstat. Also die Gotteskindschaft ist nichts Selbstverständliches, Natürliches, das dem Menschen als Menschen zukommt, dessen man sich nur bewußt zu werden braucht, um die Konsequenzen daraus zu ziehen; sondern die Gotteskindschaft ist etwas Wunderbares. Der Mensch ist hier also ganz anders gesehen, nämlich nicht als das, was er ideell, jenseits seiner konkreten Existenz, sondern gerade als das, was er in seiner konkreten Existenz, in der Einmaligkeit seines Hier und Jetzt ist.

Aber die Möglichkeit solcher Gotteskindschaft besteht freilich für alle Menschen, und man kann nicht auf besondere Menschen hinweisen, die durch die Qualität, Gottes Sohn zu sein, charakterisiert wären. Für alle Menschen sorgt der Vater im Himmel (Matth 6, 26. 32), und alle Menschen sollen sich im Bittgebet an ihn wenden (Matth 7, 7–11). Auch hier gilt, daß der ferne Gott zugleich der nahe ist, daß er aber für den natürlichen Menschen eben der ferne ist, daß die Gotteskindschaft nicht etwas ist, worüber man verfügen, womit man rechnen kann. Auch der »verlorene Sohn« ist in der Fremde des Vaters Sohn, und der Vater in der Ferne sein Vater. Aber daß er der Sohn ist, ist für ihn in der Ferne ein Gericht, und als er zur Erfassung seiner Situation kommt, eine Pein. Es begründet keinen Anspruch, sondern es begründet nur die Hoffnung auf die vergebende Liebe des Vaters, und erst die Vergebung macht den Sohn wieder zum Sohn.

Dieser, mein Sohn, war tot und ist wieder lebendig geworden;
Er war verloren und ward wiedergefunden,

spricht der Vater (Luk 15, 24).

Der ferne und der nahe Gott. Sünde und Vergebung

Hier aber, am Gedanken der Vergebung, muß sich nun endgültig zeigen, welchen Sinn die Paradoxie vom fernen und nahen Gott hat. Gott ist der ferne Gott, das heißt zunächst: Gott gehört nicht zu der Welt, die dem Menschen für sein Denken und Handeln zur Verfügung steht. Gott ist der nahe Gott, das heißt zunächst: Gott ist der Schöpfer dieser Welt des Menschen, der sie mit seiner Vorsehung durchwaltet. Dieser Gegensatz ist deshalb verständllich, weil der gleiche Gegensatz die Existenz des Menschen charakterisiert; denn der Mensch ist von Gott abgewandt, Gott aber ist ihm zugewandt. Der Mensch ist Gott abgewandt: er sieht ja in der Alltäglichkeit des Weltgeschehens Gottes Wirken nicht; der Allmachtsgedanke ist für ihn eine leere Spekulation, die nur Sinn gewinnt, wenn er Gottes Wunder sieht. Und indem er im Gebet zu Gott seine Zuflucht nimmt, hebt er ja den Allmachtsgedanken auf und gesteht ein, daß er Gott nicht zu sehen vermag. Gott ist der ferne Gott, das heißt also: der Mensch steht in der Welt allein, ohne Gott, dem Schicksal und dem Tode preisgegeben wie der verlorene Sohn in der Fremde. Gott ist der nahe Gott, das kann dann nur heißen: gerade die Unsicherheit, die das Sein des von Gott abgewandten Menschen charakterisiert, erwächst daraus, daß Gott ihm zugewandt ist. Und Gott ist ihm zugewandt, das kann zunächst nur heißen: Gott erhebt seinen Anspruch auf den Menschen. Dann aber bedeutet, daß der Mensch von Gott abgewandt ist, offenbar zuletzt, daß der Mensch diesen Anspruch Gottes auf ihn nicht erfüllt. Die Ferne Gottes für den Menschen hat den gleichen Ursprung wie die Nähe Gottes, nämlich den, daß der Mensch Gott gehört, daß Gott seinen Anspruch auf ihn erhebt. Indem der Mensch diesen Anspruch überhört, macht er selbst aus der Nähe Gottes die Ferne.

Dies aber ist nicht einsichtig als eine theoretische Reflexion über das Wesen des Menschen; denn so wie hier von der Nähe Gottes, vom Anspruch Gottes auf den Menschen die Rede ist, läßt sich ja nur reden, wenn man diesen Anspruch kennt. Das bedeutet aber nicht: wenn man ein allgemeines Wissen darüber hat, daß es so etwas wie einen Anspruch Gottes auf den Menschen gibt, sondern wenn man diesen Anspruch hört. Dann ist also dieser Charakter des Menschen nicht etwas Objektives, das ruhend sich der Betrachtung darbietet, sondern das eigentliche Leben selbst, das sich in jedem Augenblick vollzieht. Also in jedem Augenblick entsteht dieser Charakter des Menschen aufs neue, weil in jedem Augenblick der Anspruch Gottes an den Menschen ergeht. Das aber bedeutet es ja, daß der Mensch in seinem Hier und Jetzt in der Entscheidung steht.

Dieser Entscheidungscharakter des Jetzt war früher (S. 91 f) in seinem Sinn deutlich geworden, nämlich so, daß das Verhalten des Menschen in seinem Jetzt über seine Zukunft entscheidet. Das aber ist eben um des Anspruchs Gottes willen der Fall. Denn dieser Anspruch ist kein Spiel, sondern Ernst; d. h. wer diesen Anspruch verfehlt, für den ist die Zukunft Gericht, für den ist Gott der ferne Gott; der ist damit ein anderer, als er vorher war. Er hat nicht etwa eine andere Entwicklungsstufe erreicht, geht damit nicht durch eine neue Etappe seines Werdens hindurch, sondern alles ist für ihn neu geworden, und zwar im Sinne des Gerichtes, er ist ganz ein anderer geworden, d. h. er steht als Sünder vor Gott da. Sofern er Sünder ist, ist Gott für ihn der ferne Gott; und zwar gerade weil Gott der nahe Gott ist, ist der Mensch, der seinen Anspruch nicht hört, vor ihm der Sünder. Denn eben weil er der nahe Gott ist, gibt es ihm gegenüber keine Neutralität, keine Ferne, in der sein Anspruch nicht mehr gelte. Und deshalb kann der Mensch auch nicht über die Welt und ihre Möglichkeit als ein Herr verfügen und in ihr seine Sicherheit gewinnen, sondern die ganze Welt steht für ihn unter dem Fluch der Gottferne, und es ist recht nebensächlich, ob sich ihm dann die Welt als ein seelenloser und seelenmordender Automat darstellt oder als der Spielplatz des Satans und seiner höllischen Scharen. Die Welt steht für ihn unter dem Fluch, auch wenn er es nicht sieht und sich mit seinen Spekulationen in ihr zurechtfinden, sie etwa gar unter dem Gottes- und Allmachtsgedanken begreifen will. Denn solange er nicht seines Jetzt als letzter Stunde inne wird, als unter dem Anspruch, in der Entscheidung stehend, ist sein Gottesgedanke ein Phantom.

Wie viele Menschen Sünder sind, darüber redet Jesus nicht und entwickelt keine Theorie darüber, daß es etwa alle sind, keine Theorie der Erbsünde. Denn Sünde ist ja ein Bestimmtsein durch Gott im Konkreten des Hier und Jetzt, nicht eine allgemeine Eigenschaft des theoretisch zu erfassenden, zeitlosen menschlichen Wesens. Sowenig von Gott in allgemeinen Sätzen geredet werden kann, sowenig — eben gerade um deswillen — von der Sünde; sonst würde ich mich ja meiner Sünde gegenüberstellen können, der ich doch selbst der Sünder bin. Sünde ist ja nicht ein Etwas am Menschen, sondern ist der Seinscharakter des sündigen Menschen. Jesus also redet nicht über die Menschen, daß sie Sünder seien, aber er redet zu Menschen, die Sünder sind.

Dabei redet er nicht über den Begriff der Sünde, da dieser für ihn und seine Hörer eine selbstverständliche Voraussetzung ist, dem jüdischen Gottesgedanken, der auch der Gottesgedanke Jesu ist, entsprechend. Und zwar ist Sünde eben der Charakter, der dem gottfernen Menschen eigen ist, der den Anspruch Gottes verleugnet. Sofern der Gedanke des Anspruchs Gottes und der Entscheidung bei Jesus radikaler gedacht ist als im Judentum, ist auch sein Sündenbegriff radikaler gefaßt. Wie die Entscheidung im Hier und Jetzt dem Menschen seinen Charakter gibt, so kann sich der Mensch nicht trösten oder rechtfertigen, indem er seine Sünde als eine Schwäche ansieht, die angesichts seines wahren Wesens nicht in Betracht komme, oder als einen Fehltritt, der eine Ausnahme wäre, der gegenüber sich der Mensch auf sein normales Wesen berufen könne. Denn wie in der Entscheidung der ganze Mensch beansprucht ist, so steht auch der ganze Mensch auf dem Spiele, und es entscheidet sich mit seinem Verhalten seine ganze Zukunft. Der Mensch kann also angesichts des Bußrufs nicht auf sein geistiges Wesen verweisen, das jenseits der Empirie liegt. Seine Sünde bezeichnet nicht eine Stufe in seiner sittlichen Entwicklung, nicht einen Zustand, der gewissermaßen das Material für weiteren sittlichen Fortschritt ist, nicht etwas, was er überwinden soll und kann (»er« ist ja der Sünder!), sondern das, wo er ganz ist, so daß er nicht kraft eines »besseren Selbst« darüber wegkommen kann. Er steht vor Gott als Sünder, d. h. seine Sünde hat nicht relativen, sondern absoluten Charakter; er ist gerichtet und kann nicht auf etwas hinweisen, was er wäre oder leistete. Und an diesem Punkte wird der größere Radikalismus Jesu dem Judentum gegenüber deutlich, das dem Menschen immer noch das Vermögen der Leistung zuerkennt oder zum mindesten die bußfertige Gesinnung des Menschen gelten läßt als eine Qualität, die ihn vor Gott ausweist.

Wenn dem Menschen, der Sünder ist, überhaupt irgend etwas helfen kann, so ist es nur dies, daß Gott ihm vergibt. Jesus verkündigt Gottes Vergebung, und auch damit verkündigt er dem Judentum gegenüber nichts Neues. Denn wessen getrösten sich die jüdischen Bußgebete, wenn nicht der Gnade Gottes, der Sünden vergibt?

Gepriesen seist du, Herr, der reichlich vergibt, spricht der Jude im täglichen Gebet. Nur entspricht bei Jesus dem radikaleren Sündenbegriff der radikalere Gedanke von Gottes Gnade und Vergebung. Im Judentum bleibt es doch so, daß Gott bei den Frommen die Sünden übersieht, und eben darin besteht seine Gnade; den völligen Sünder und Gottlosen verdammt Gott, und deshalb fühlt sich der Fromme doch grundsätzlich als gut. Er kann auf sich – wenn nicht auf seine guten Werke, so doch auf sein demütiges Sündenbekenntnis – hinweisen und daraufhin an Gottes Gnade appellieren. So erwägt der Seher des sog. 4. Esra nicht nur die Möglichkeit: *Denn die Gerechten, die viele Werke bei dir liegen haben, werden für ihre Werke Lohn empfangen* (8, 33). Sondern er sagt erst recht:

Denn fürwahr: niemand ist der Weibgeborenen, der nicht ge-
Niemand derer, die geworden, der nicht gefehlt.   [sündigt,
Dann eben wird deine Gerechtigkeit und Güte, o Herr, offenbar,
Wenn du dich derer erbarmst, die keinen Schatz von guten
                    Werken haben (4. Esra 8, 31–36; s. S. 102).

Und dem entspricht es, daß er daraufhin den Engel zu sich sprechen hört:

Du aber hast dich oft den Sündern gleichgestellt; nimmermehr! Vielmehr wirst du auch darum vor dem Höchsten Ruhm empfangen, weil du dich, wie dir zukommt, erniedrigt und nicht zu den Gerechten gezählt hast. Des wirst du um so größere Ehre haben (8, 47–49).

Jesus hat den Menschen gegenüber, die meinen, vor Gott etwas vorweisen zu können, die Geschichte vom Pharisäer und Zöllner erzählt:

Zwei Menschen gingen hinauf in den Tempel zu beten, der eine ein Pharisäer, der andere ein Zöllner. Der Pharisäer stellte sich hin und betete: Gott, ich danke dir, daß ich nicht so bin wie die anderen Menschen: Räuber, Übeltäter, Ehebrecher, oder auch wie dieser Zöllner. Ich faste zweimal in der Woche und gebe den Zehnten von allem, was ich habe. – Der Zöllner aber stand von ferne, mochte nicht einmal die Augen erheben, sondern schlug an seine Brust und sprach: Gott, sei mir Sünder gnädig! – Ich sage euch: Dieser ging hinab in sein Haus gerechtfertigt vor jenem (Luk 18, 10–14).

Nicht etwa, daß der Pharisäer zu Unrecht gesagt hätte, was er sagte; aber daß er sich vergleicht, daß er vor Gott etwas vorweisen will, zeigt, daß er gar nicht verstanden hat, was Gottes Gnade bedeutet. Denn von ihr kann erst die Rede sein, wo der Mensch ganz verstummt und nichts mehr an sich wahrnimmt, auf das er sich berufen kann. Der Pharisäer versteht ja auch Gottes Anspruch nicht, sonst hätte er gewußt, daß dieser ihm keine Zeit läßt, etwas Besonderes zu tun, das ihn vor andern Menschen auszeichnet; daß der Mensch nie mehr tun kann, als was von ihm gefordert ist.

Also sollt auch ihr, wenn ihr alles getan habt, was euch befohlen war, sagen: Knechte sind wir, unsere Schuldigkeit haben wir getan (Luk 17, 10; s. o. S. 53).

Erst da, wo die Forderung des Gehorsams radikal verstanden ist, kann auch der Gedanke der Gnade, der Vergebung radikal verstanden werden, und die Verkündigung der Vergebung erscheint dann in ihrer Einheit mit dem Bußruf. Vergebung bedeutet nicht, daß die Sünde zu kompensieren wäre (der Mensch ist ja ganz ungehorsam), sondern daß sie eben nur vergeben werden kann. Indem der Mensch die Vergebung annimmt, verurteilt er sich selbst am tiefsten, beugt er sich wahrhaft unter Gottes Gericht. Und wie seine Charakterisierung als Sünder bedeutet, daß er in der Entscheidung versagt hat und ein anderer, ein Gerichteter geworden ist, der die Freiheit verloren hat, so bedeutet der Gedanke der Vergebung, daß er wiederum ein neuer werden soll durch Gottes Gnade, daß er wiederum seine Freiheit hat, daß Gott seinen Anspruch auf ihn nicht fahren läßt, aber auch seine Gnade nicht, daß Gott ihn aus der Ferne in seine Nähe bringen will.

Man mag sich das, was sich in der Vergebung abspielt, klarmachen an der Bedeutung der Vergebung im Verhältnis zwischen Ich und Du unter Menschen, die sich lieben. Wenn ein Mensch sich gegen den andern vergangen – um nicht zu sagen versündigt – hat, so kann ihn nichts in das alte Verhältnis bringen als die Vergebung des andern. Und diese Vergebung kann nicht auf einem Abwägen beruhen, als wäre immerhin noch so viel Gutes und Anerkennenswertes im Ich, daß der Du über den Fehler hinwegsehen könnte. Denn durch das Vergehen ist das Verhältnis ganz zerstört und der Ich dem Du ganz ein ferner geworden. Die Liebe, die einst bestand, beruhte – wenn sie echt war – ja auch nicht auf einigen Vorzügen am Ich, sondern umfing den ganzen Menschen. Und der ganze Mensch steht nun, da er in der Entscheidung nicht standhielt, vor dem Du als ein anderer da, und alle seine Vorzüge und seine Entwicklungsmöglichkeiten helfen ihm gar nichts. Es kann nur eines helfen: wenn etwas Neues geschieht, wenn der Du die Kraft hat, dem Ich zu vergeben und ihn dadurch zu einem neuen Ich zu machen. Wenn etwas Neues geschieht – d. h. die Vergebung, die Ereignis werden kann, ist nicht etwas aus dem Wesen des Du Ableitbares, etwas, womit der Ich rechnen kann (dann wäre er ihrer offenbar nicht wert), sondern eben Ereignis, ganz der freien Güte des Du entsprungen, ganz Geschenk.

Ebenso ist auch Gottes Vergebung nur wirkliche Vergebung, wenn sie als seine freie Tat verstanden wird, als Ereignis. Der Mensch kann offenbar nur von ihr reden, wenn er sie als zeitliches Ereignis erfährt, wie auch die Sünde Ereignis ist. Er kann nicht mit ihr rechnen, und er kann sie nicht aus einem Gottesbegriff ableiten. Es ist also verständlich, daß Jesus auch in diesem Falle nicht einen neuen Gottesbegriff verkündigt, als hätte man sich bisher Gott zu launisch und hart, rachsüchtig und zornig vorgestellt, als sei Gott vielmehr gütig und gnädig zu denken. Im Gegenteil. Daß Gott ebenso ein gnädiger Gott sei wie ein Gott, der dem Sünder zürnt, das wußte der Jude, soweit man das durch den Besitz eines Gottesbegriffs wissen kann. Und niemand hat – ohne das Wort zu gebrauchen – vom Zorne Gottes eindringlicher geredet als Jesus, und zwar gerade, indem er Gottes Gnade verkündigt. Und eben indem er den Gedanken der Gnade Gottes radikal denkt, macht er deutlich, daß Gottes Vergebung für den Menschen nur zeitliches Ereignis sein kann, daß es zwischen Gott und Mensch zugeht wie zwischen Ich und Du, daß Gott dem Menschen als das Du gegenübersteht, über das das Ich des Menschen in keinem Sinne verfügt, als Du mit seinen Ansprüchen und mit seiner Gnade, als Du, dessen Vergebung reines Geschenk ist.

Darin ist es begründet, daß Jesu Verkündigung sich in erster Linie an die Armen, die Sünder wendet und er sich als der Zöllner und Sünder Freund schelten lassen muß (s. o. S. 59 f).

Den Armen erklingt die Botschaft vom Heil (Matth 11, 5).

Heil euch Armen, denn euer ist die Gottesherrschaft! (Luk 6, 20).

Denn wie solche den Anspruch Gottes besser vernehmen als die Korrekten, so verstehen sie auch besser, sich schenken zu lassen. Eine ganze Reihe von Gleichnissen und Parabeln illustriert diese Tatsache.

Was dünkt euch aber? Ein Mensch hatte zwei Söhne; er ging zum ersten und sagte: Mein Kind, geh heute und arbeite im Weinberg!

Er aber antwortete: Ja, Herr, – und ging nicht hin. Dann ging er zu dem zweiten und sagte zu ihm das gleiche. Der aber sagte: Ich will nicht, – dann aber besann er sich eines Besseren und ging hin. Wer von beiden hat den Willen des Vaters getan? Sie sprachen: der zweite. Da sprach Jesus zu ihnen: Wahrlich ich sage euch: die Zöllner und die Dirnen kommen euch voraus in die Herrschaft Gottes!

(Matth 21, 28–31).

Wer von euch, wenn er hundert Schafe hat und hat eins davon verloren, läßt nicht die neunundneunzig auf der Trift und geht dem verlorenen nach, bis er es findet? Und wenn er es gefunden hat, so nimmt er es voll Freude auf seine Schultern; und wenn er nach Hause kommt, ruft er seine Freunde und Nachbarn zusammen und spricht: Freut euch mit mir, denn ich habe mein verlorenes Schaf wiedergefunden! – Ich sage euch: So wird mehr Freude im Himmel sein über einen Sünder, der Buße tut, als über neunundneunzig Gerechte, die keine Buße nötig haben.

Oder wenn eine Frau zehn Silberlinge hat und hat einen verloren, zündet sie nicht ein Licht an und kehrt das Haus und sucht sorgsam, bis sie ihn findet? Und wenn sie ihn gefunden hat, so ruft sie ihre Freundinnen und Nachbarinnen zusammen und spricht: Freut euch mit mir, denn ich habe meinen verlorenen Silberling gefunden! – So sage ich euch, wird Freude sein vor den Engeln Gottes über einen einzigen Sünder, der Buße tut (Luk 15, 4–10).

Ein Mann hatte zwei Söhne. Und der jüngere von ihnen sagte zum Vater: Vater, gib mir meinen Anteil am Vermögen! Und er teilte ihnen Hab und Gut. Nicht lange darauf nahm der jüngere Sohn alles zusammen und zog fort in ein fernes Land, und dort brachte er sein Vermögen durch mit liederlichem Leben. Als er aber alles verschleudert hatte, kam eine schwere Hungersnot über jenes Land, und er begann Mangel zu leiden. Da ging er hin und hängte sich an einen unter den Einheimischen, und der schickte ihn auf seine Felder, die Schweine zu hüten. Und er begehrte nur, sich den Bauch zu füllen mit den Schoten, die die Schweine fraßen, und niemand gab sie ihm. Da kam er zu sich und sprach: Wie viele Tagelöhner meines Vaters haben Brot im Überfluß, ich aber komme hier vor Hunger um. Ich will mich aufmachen und zu meinem Vater gehen und zu ihm sagen: Vater, ich habe gesündigt gegen den Himmel und an dir. Ich bin nicht wert, dein Sohn zu heißen; mache mich zu einem deiner Tagelöhner. Und er machte sich auf und kam zu seinem Vater. Als er aber noch weit entfernt war, sah ihn sein Va-

ter, und es jammerte ihn, und er lief und fiel ihm um den Hals und küßte ihn. Da sagte der Sohn zu ihm: Vater, ich habe gesündigt gegen den Himmel und an dir. Ich bin nicht mehr wert, dein Sohn zu heißen! Der Vater aber sagte zu seinen Knechten: Schnell! Bringt das beste Gewand und legt es ihm an, und tut ihm einen Ring an seine Hand und Schuhe an die Füße! Und holt das Mastkalb und schlachtet es, dann wollen wir essen und feiern! Denn mein Sohn hier war tot und ist wieder lebendig geworden, er war verloren und ward wiedergefunden! Und sie begannen zu feiern.

Sein ältester Sohn aber war auf dem Felde. Als er nun heimging und zum Hause kam, hörte er Musik und Tanz. Da rief er einen von den Knechten und fragte ihn, was das bedeute. Der sagte zu ihm: Dein Bruder ist gekommen, und dein Vater hat das Mastkalb geschlachtet, weil er ihn gesund wieder hat. Da ward er zornig und wollte nicht hineingehen. Sein Vater aber kam heraus und redete ihm zu. Er aber antwortete dem Vater: Sieh, schon so viele Jahre diene ich dir, und nie habe ich dein Gebot übertreten, und mir hast du noch nie einen Bock geschenkt, daß ich mit meinen Freunden feiern könnte! Und nun, als dein Sohn hier kommt, der dein Hab und Gut mit Dirnen verpraßt hat, hast du ihm das Mastkalb geschlachtet! Er aber sagte zu ihm: Mein Kind, du bist allezeit bei mir, und alles was mein ist, ist dein. Man mußte sich aber doch freuen und feiern, denn dein Bruder hier war tot und ist wieder lebendig geworden, er war verloren und ward wieder gefunden! (Luk 15, 11–32).

Alle diese Worte richten sich gegen diejenigen, die nicht begreifen können, was Gottes Gnade und Vergebung ist, die nicht verstehen, daß der Mensch Gottes Güte nur als Geschenk empfangen kann, und daß deshalb eigentlich erst der Sünder weiß, was Gnade ist! Und das ist es endlich auch, weshalb Kinder zum Vorbild dienen können. Sie wissen noch nicht, was Leistung und Anspruch ist und können sich schenken lassen:

Und man brachte Kinder zu ihm, daß er sie berühre; seine Jünger aber schalten sie. Als Jesus das sah, ward er unwillig und sagte zu ihnen: Laßt die Kinder zu mir kommen und wehrt ihnen nicht, denn solchen gehört die Gottesherrschaft. Wahrlich ich sage euch: Wer die Gottesherrschaft nicht empfängt wie ein Kind, der kommt nimmermehr hinein! Und er umarmte sie, indem er die Hände auf sie legte.

(Mark 10, 13–16)

Wenn nun Gott so dem Ich des Menschen als Du gegenübersteht, ist er dann nicht als Person gedacht? Und wird nicht daran schließlich die Sinnlosigkeit all dieser Gedanken über Gott und Mensch offenbar? Denn wie läßt sich Gott als Person denken? Ist das nicht naiver Anthropomorphismus? In der Tat werden alle diese Gedanken sofort sinnlos, wenn die Person des Ich, um die es sich zunächst handelt, von außen gesehen wird; wenn sie beschrieben wird, wie man in allgemeinen Sätzen das Wesen einer menschlichen Person beschreiben kann, wenn der einzelne Mensch – was dann die Folge ist – als Exemplar der Gattung »Mensch« angesehen wird. Dann muß natürlich auch Gott als ein solches Exemplar erscheinen, vielleicht etwas größer und geistiger, vor allem »unsichtbar«; dann wäre Gott in der Tat ein »gasförmiges Wirbeltier«, wie der Spott gesagt hat.

In Jesu Gedanken aber ist der Mensch nicht in dieser Weise von außen gesehen, wobei er selbst als Zuschauer fungieren würde; sondern der Zuschauerstandpunkt ist verlassen. Der Mensch ist in seinem existentiellen Sein gesehen, gerade in dem Leben, das sich durch die entscheidungsträchtigen Augenblicke des Hier und Jetzt bewegt, das also mit einer allgemeinen Wesensbeschreibung des Menschen gar nicht erfaßt werden kann. Über dieses existentielle Sein des Ich verfügt der Mensch gar nicht in seinen Gedanken, da er nicht danebensteht und es betrachten kann, sondern es ist. Natürlich kann auch niemand dem Menschen beweisen, daß er ein solches existentielles Sein hat; denn dazu wäre ja wieder der Zuschauerstandpunkt erforderlich. Aber der Mensch kann sich in diesem seinem eigentlichen Sein getroffen, beansprucht wissen von einem Du. Ja in Wahrheit gibt ihm dieser Anspruch erst seine Existenz als Ich. Und daß er, zum Ich erwachend, sich durch ein unausweichliches Du beansprucht weiß, das bedeutet es, daß er von Gott redet, und zwar von Gott als Person, die als Du zum Ich redet. Er kann dann dieses Du sowenig wie sein Ich als Zuschauer von außen betrachten, und der Vorwurf des Anthropomorphismus hat für ihn seinen Schrecken verloren.

Diese Auffassung von Gott und seiner Vergebung zeigt nun endgültig, wie fern Jesus jedem humanistischen Idealismus steht, für den der Begriff der Sünde im eigentlichen Sinne nicht existiert, für den es nur die Entwicklung des Menschen mit ihren Möglichkeiten und Stufen gibt, für den der eigentliche Wert des Menschen in dem Ideellen liegt, das jenseits seiner konkreten empirischen Existenz ist, und für den deshalb kein Mensch ganz verloren sein kann; für den deshalb auch die Liebe eine allgemeine Menschenliebe ist, und der am Einzelnen vorbei die Menschheit glücklich machen will durch Institutionen. Klar ist aber auch, daß der Glaube an die Vergebung einen Gott voraussetzt, der als Person handelt und seine Gnade Ereignis werden läßt. Es ist also gänzlich falsch, wenn man meint, Jesu Gottesglaube stelle eine besonders hohe Entwicklungsstufe im Gottesbewußtsein der Menschheit dar, da für ihn – wie man es ausdrückt – Gott zur »Repräsentation des Seinsollenden als Liebesmacht« geworden sei. Während nämlich das primitive Gottesbild, das auf der Personifikation von Naturkräften beruhe, allmählich hinter der Unendlichkeit des Kausalzusammenhangs verschwinde, gewinne das Gottesbild an Widerstandsfähigkeit und Konsistenz in demselben Maße, wie es eine feste Stellung im Zusammenhang der Ansprüche und Bedürfnisse des persönlichen Geistes einnehme und zum »unentratsamen Koeffizienten des Vollzuges sittlicher Vorgänge im Selbstbewußtsein« werde. Bei Jesus nun vollziehe sich – so meint man – die entscheidende Wendung in der Gottesanschauung von der personifizierten Naturkraft, der Macht über das Seiende, zur Repräsentation des Seinsollenden als Liebesmacht.

Wer so redet, hat Jesus, so sehr er ihn respektieren will, nicht verstanden. Er hat zunächst nicht verstanden, daß er selbst nach Jesu Meinung von Gott als einer außer ihm befindlichen Autorität in Anspruch genommen und von ihm in seinem konkreten Hier und Jetzt in die Entscheidung gestellt ist, daß Gott Gehorsam von ihm fordert. Er kennt vielmehr als die Macht, der der Mensch gehorcht, und für die er sich entscheidet, nur das Gesetz seines eigenen geistigen Wesens, und die Gottesidee wird zum »unentratsamen Koeffizienten der sittlichen Vorgänge im Selbstbewußtsein«. So kann er in der Tat Gott nicht mehr denken als die Macht über das Seiende, wie Jesus ihn doch gedacht hat, sondern nur noch als die Macht über das Seinsollende, d. h. nur noch als Personifikation dessen, was das Gesetz seines eigenen Wesens von ihm fordert. Dann wäre im Momente des beanspruchten oder geleisteten Gehorsams der Fordernde niemand anders als der Mensch selbst, der »eigentliche«, ideelle Mensch, der durch die Autonomie sich und seine Würde aufrichtet, während Jesus diesen »eigentlichen« Menschen gar nicht kennt, sondern den konkreten, empirischen Menschen vor Augen hat, wie er vor Gott gestellt ist. Dann aber hat das Reden von der Liebe und der Vergebung Gottes keinen Sinn mehr, denn Gottes Liebe und Vergebung existieren nach Jesu Meinung nicht in der Idee, sondern sie sind nur wirklich als Ereignisse im zeitlichen Leben des konkreten Menschen.

Beides, Sünde und Vergebung, sind zeitliche Ereignisse im Leben des Menschen. Die Sünde ist also – auch wenn alle Menschen Sünder sind vor Gott – nicht eine allgemeine Bestimmung des Wesens des Menschen oder der menschlichen Natur, etwa die Sinnlichkeit oder sonst eine magische oder mysteriöse Qualität des Sünders. Denn eine schlechte Natur kennt Jesus nicht; als schlecht kennt er nur den bösen Willen des ungehorsamen Menschen (s. o. S. 37). Deshalb ist aber auch die Gnade der Vergebung nicht eine höhere Natur, die dem Sünder auf magische oder mysteriöse Weise eingeflößt wird und ihn verwandelt. Sondern so fern der Sünder der Gnade ist, und so sehr ihn die Vergebung verwandelt und erneut – so ist doch die Verzeihung für ihn das Verständlichste von der Welt, so verständlich wie ein Wort der Liebe und des Verzeihens zwischen Mensch und Mensch, ohne um deswillen das Selbstverständlichste zu werden. Bedeutet für Jesus Gott nicht eine höhere Natur, die man im Sakrament genießt, so ist auch Gottes Vergebung nicht sakramentale Gnade, sondern persönliches Handeln Gottes. Dann ist auch klar, daß die Erfahrung der Gnade und Vergebung Gottes, die den alten Menschen vernichtet und den neuen schafft, den Menschen nicht in eine Passivität versetzt, in der er sich seiner neuen Natur freuen könnte oder sie in ängstlicher Sorge durch Askese hüten müßte. Vielmehr hält ja die Gnade die Forderung des Gehorsams aufrecht, da sie den Ungehorsam durch echte Vergebung richtet. Wer also durch die Vergebung neu wird, wird neu zum Gehorsam. Meint einer, Vergebung empfangen zu haben, ohne daß nunmehr Gottes Wille in seinem Leben zur Wirklichkeit wird, so ist solche Vergebung illusorisch, wie die »Parabel vom Schalksknecht« zeigt (Matth 18, 23–35, s. o. S. 125 f).

So ist nun endlich deutlich geworden, inwiefern Gott für Jesus der Gott der Gegenwart und der Zukunft ist. Gott ist der Gott der Gegenwart, weil sein Anspruch den Menschen in seinem gegenwärtigen Hier und Jetzt trifft, und er ist zugleich der Gott der Zukunft, weil er dem Menschen für das Jetzt der Entscheidung Freiheit gibt und vor ihm steht als die Zukunft, die sich in der Entscheidung dem Menschen öffnet: Gericht oder Gnade. Gott ist der Gott der Gegenwart für den Sünder, gerade dadurch, daß er ihn in die Gottferne verstößt, und er ist zugleich der Gott der Zukunft, weil er an seinem Anspruch auf den Sünder festhält und ihm neue Zukunft eröffnet in seiner Vergebung, zu neuem Gehorsam.

Je weniger aber die Gnade Gottes eine allgemeine Eigenschaft des göttlichen Wesens ist, deren sich der Mensch getrösten kann, je mehr sie vielmehr nur im zeitlichen Ereignis der Vergebung für den Menschen wirksam wird, desto brennender muß die Frage werden, wann und wodurch der Mensch denn das Recht gewinnt, von Vergebung zu reden. Wenn sie Ereignis wird! Aber gibt es ein Kriterium dafür, wann dieses Ereignis stattfindet, wie dies Ereignis beschaffen ist, damit der Mensch der Vergebung gewiß werde? Irgendein seelisches Erlebnis kann ja offenbar nicht gemeint sein, vielmehr kann es sich ja nur um ein Ereignis handeln, das dem Menschen begegnet, das von außen an ihn herantritt; um ein Ereignis, das sich als Gottes Handeln bezeugt, indem es dem Menschen als die Autorität begegnet, die den göttlichen Anspruch an ihn vertritt, den göttlichen Anspruch, der auch die Vergebung als göttliche beglaubigt, indem sie das reine Geschenk ist, das den Menschen erhebt, indem es ihn richtet.

Wiederum kann dies dem Menschen begegnende Ereignis auch nicht ein objektiv zu beobachtender Vorgang in der Welt der den Menschen umgebenden Objekte sein, das zunächst betrachtet und beurteilt werden könnte, von dem dann konstatiert würde, es sei das Ereignis der Vergebung und man könne sich nun darauf beziehen. Denn das Ereignis der Vergebung entzieht sich, wie zwischen Mensch und Mensch so auch zwischen Mensch und Gott, der Beobachtung. Es gibt nicht Vergebung sozusagen im leeren Raum, beziehungslos, sondern sie ist nur wirklich in ihrer Beziehung auf den bestimmten Menschen. Also nur der, dem vergeben wird, nimmt das Ereignis der Vergebung wahr.

Was kann also über das Ereignis noch gesagt werden? Die kirchliche Tradition hat die Beziehung der Vergebung auf ein Ereignis mit Recht festgehalten und redet in diesem Sinne von den Heilstatsachen. Es fragt sich nur, ob sie das Ereignis im Sinne Jesu verstanden hat. Sie sieht das Ereignis, die entscheidende Heilstatsache im Tode Jesu bzw. in seinem Tod und seiner Auferstehung. Dabei ist sie jedenfalls insoweit im Unrecht, als sie Tod und Auferstehung Jesu als Begebenheiten der Geschichte versteht, die sich durch Beobachtung kontrollieren und feststellen lassen. Denn sobald dem Ereignis gegenüber der Zuschauerstandpunkt eingenommen wird, ist es nicht mehr das Ereignis der Vergebung, die man eben nicht als Zuschauer konstatieren kann. Deshalb sind auch alle Spekulationen und Theorien falsch, die durch Beweise sicherstellen wollen, daß Tod und Auferstehung Jesu solche vergebende Kraft der Sündensühne hätten. Ist also von Tod und Auferstehung Jesu als Heilstatsachen die Rede, indem diese Ereignisse als kosmische Vorgänge angesehen werden, die die Menschheit im allgemeinen betreffen, so daß sich nun auch der einzelne ihrer getrösten könne, so ist das sicher nicht im Sinne Jesu gedacht, denn weder die Sünde noch die Vergebung ist dabei in ihrem Ernst verstanden. Weder die Sünde: denn sie ist dann ja als allgemeine menschliche Wesensbeschaffenheit gedacht, – noch die Vergebung: denn sie ist dann ja als kontrollierbares Ereignis in der Welt der äußeren Objekte gedacht, über das sich der Mensch (eben in seinen Theorien und Beweisen) das Urteil anmaßt, daß göttliche Vergebung so aussehen könne und müsse.

Im übrigen hat Jesus nicht von seinem Tod und seiner Auferstehung und von ihrer Heilsbedeutung geredet. Zwar sind ihm in den Evangelien einige Worte solchen Inhalts in den Mund gelegt, aber sie stammen erst aus dem Glauben der Gemeinde, und zwar wohl durchweg nicht einmal aus der Urgemeinde, sondern aus dem hellenistischen Christentum. So vor allem die beiden wichtigsten dieser Worte, das Wort vom Lösegeld und die Abendmahlsworte:

Der Menschensohn kam nicht, um sich dienen zu lassen, sondern um zu dienen und sein Leben als Lösegeld für viele zu geben.

(Mark 10, 45)

Als sie aßen, nahm er Brot, sprach den Segen und brach es, gab es ihnen und sagte: Nehmt, das ist mein Leib! Und er nahm einen Kelch, sprach den Dank, und gab ihn ihnen, und sie tranken alle daraus. Und er sagte zu ihnen: Dies ist mein Blut des Bundes, das für viele vergossen wird (Mark 14, 22–24).

Das erste dieser Worte ist eine hellenistische Umformung eines älteren Wortes, das Lukas erhalten hat.

Wer ist wohl größer: der zu Tische sitzt, oder der bedient? Ihr meint: der zu Tische sitzt? Aber ich bin in eurer Mitte wie der, der bedient (Luk 22, 27).

Die Abendmahlsworte aber sind die liturgischen Sprüche aus der hellenistischen Feier des Herrenmahles, die einen älteren Bericht verdrängt haben, von dem nur noch Spuren – namentlich bei Lukas – durchscheinen (s. o. S. 24).

Es kann wohl kaum ein Zweifel sein, daß Jesus nicht von seinem Tod und seiner Auferstehung als Heilstatsachen geredet hat. Das würde freilich nicht bedeuten, daß nicht andere davon als von Heilstatsachen reden könnten, sofern sie davon reden können als von Ereignissen, an denen sie der göttlichen Vergebung gewiß werden. Denn sowenig man von irgendwelchen Geschehnissen der Geschichte – also etwa auch vom Kreuze Jesu – objektiv konstatieren kann, daß sie »objektiv« göttliche Vergebung sind, sowenig kann man aus objektiven Gründen feststellen, daß sie es nicht sein können; in beiden Fällen würde man sich ja das Kriterium darüber anmaßen, wie das Ereignis göttlicher Vergebung aussehen muß. Es kann sich nur fragen, wie der Charakter des Ereignisses im Sinne Jesu näher bestimmt werden muß, wenn damit wohl ein zeitliches Geschehnis, das dem Menschen von außen begegnet, nicht aber ein objektiv zu konstatierender Vorgang des beobachtbaren Geschehens gemeint ist.

Und da kann nun gar kein Zweifel sein. Jesus weist tatsächlich nicht auf irgend etwas allgemein Wahrnehmbares hin, woran man der Vergebung Gottes gewiß werde, er verkündigt sie nur. Das Ereignis ist nichts anderes als sein Wort, das den Hörer trifft. Für die Wahrheit seines Wortes bietet er nicht irgendwelche Garantien, etwa in seinen Wundern, deren Bedeutung ja nicht die ist, sein Wort zu beglaubigen – vielmehr lehnt er eine Legitimation durch Wunder ausdrücklich ab (Mark 8, 11 u. 12, s. o. S. 25) –, oder etwa in seinen persönlichen Qualitäten, die übrigens für seine Zeitgenossen offenbar viel eher anstößig als beglaubigend waren. Hat er vielleicht für manche Menschen etwas Faszinierendes gehabt, so hätte das ja eher dazu dienen können, vom sachlichen Eindruck seines Wortes abzulenken, und jedenfalls ist in der Überlieferung davon gar nicht die Rede. Auch von seinem metaphysischen Wesen ist weder in seinen überlieferten Worten noch im Bericht der ältesten Gemeinde die Rede. Wohl hat die älteste Gemeinde ihn für den Messias gehalten, aber damit spricht sie ihm nicht ein besonderes metaphysisches Wesen zu, auf Grund dessen seine Worte Autorität seien, sondern sie bekennt damit auf Grund der Autorität seiner Worte, daß Gott ihn zum König der Gemeinde gemacht hat. Das griechische Christentum hat Jesus alsbald zum »Sohne Gottes« gemacht in dem Sinne, daß es ihm eine göttliche »Natur« zuschrieb, also eine Betrachtungsweise seiner Person einführte, die ihm selbst so fremd wie möglich war. Ebenso fremd ist ihm auch die moderne Betrachtung seiner Person als »Persönlichkeit«. Er würde es gar nicht verstanden und nimmermehr gebilligt haben, wenn man seine persönliche Glaubenskraft, seine etwaige Begeisterung, seinen Heroismus und seine Opferwilligkeit als Beglaubigung für sein Wort angesehen hätte. Denn das alles sind ja menschliche Dinge, die im Bereich menschlicher Möglichkeiten und im Bereich menschlichen Urteils liegen. Und nie kann das Maß von Energie und Opfermut etwas für die Wahrheit der Sache beweisen, die ein Heros vertritt. Die Betrachtung Jesu als Charakter oder He-

ros ist der Menschenauffassung Jesu einfach entgegengesetzt; denn
der Mensch als Charakter hat sein Zentrum in sich selbst, und der
Heros steht auf sich selbst, und darin ruht hier die Größe des Menschen, der hier eben von einer ästhetischen Betrachtungsweise aus
gesehen ist. Jesus aber sieht den Menschen in seiner Beziehung zu
Gott, unter dem Anspruch Gottes.

Freilich gibt es eine Würdigung seiner Person, die seiner Absicht
entspricht, aber nicht sofern er »Persönlichkeit« ist, sondern sofern
er gesandt ist von Gott, sofern er Träger des Wortes ist. In diesem
Sinne sagt er:

Heil dem, der nicht Anstoß nimmt an mir! (Matth 11, 6).

Wer mich bekennt vor den Menschen,
  Den wird auch der Menschensohn bekennen vor den Engeln
Wer mich verleugnet vor den Menschen,   [*Gottes.*
  Der wird verleugnet werden vor den Engeln Gottes.

(Luk 12, 8 u. 9)
Vielleicht ist die Form, in der Markus dies letztere Wort überliefert,
noch älter; zum mindesten zeigt sie deutlich, worin die alte Überlieferung die Bedeutung der Person Jesu sah:

Wer sich meiner und meiner Worte schämt in diesem ehebrecheri-
  schen und sündigen Geschlecht,
Dessen wird sich auch der Menschensohn schämen, wenn er kommt
  in der Glorie seines Vaters mit den heiligen Engeln (Mark 8, 38).

Er ist also Träger des Wortes, und im Worte sichert er den Menschen die Vergebung Gottes zu. Daß das Wort jenes Ereignis göttlicher Vergebung zu sein vermag, wird man freilich nur verstehen,
wenn man sich wieder von einer üblichen modernen Betrachtungsweise, die besonders die Geschichtswissenschaft verhängnisvoll beherrscht hat, freimacht. Es ist die Gewohnheit, das Wort nur zu verstehen als den notwendigen Ausdruck des redenden Individuums,
wobei es wenig ausmacht, ob dies Individuum ästhetisch-idealistisch
als Persönlichkeit, als Charakter, als »Gestalt« oder dgl. gesehen
ist, oder naturalistisch-evolutionistisch als Exponent einer bestimmten zeitgeschichtlichen oder kulturellen Situation. In diesen Fällen
können Worte nicht mehr im eigentlichen Sinn »Ereignis« für den
Hörer sein; denn er verfügt von vornherein und grundsätzlich über
alle Möglichkeiten dessen, was ihm gesagt werden kann, da er über
ein Prinzip der Betrachtungsweise verfügt. Kehrt man aber zu dem
ursprünglichen Sinn des Wortes »Wort« zurück, wonach es auf ei-

nen außerhalb des Redenden liegenden Sachverhalt geht, so kann das Wort als Anrede dem Hörer zum Ereignis werden, indem es ihm diesen Sachverhalt erschließt. Das aber setzt letztlich eine ganz andere Menschenauffassung voraus, nämlich die, daß die Möglichkeiten für Mensch und Menschheit nicht von vornherein abgesteckt und in der konkreten Situation durch Charakter oder Umstände determiniert sind, sondern daß sie offen stehen, daß sich in jeder konkreten Situation neue Möglichkeiten öffnen, daß das menschliche Leben dadurch charakterisiert ist, daß es durch Entscheidungen führt. Durch das Wort, das als Anrede neu in die Situation des Menschen hineintritt, wird er vor die Entscheidung gestellt, und dadurch wird das Wort für ihn Ereignis. Also nicht als objektiv zu betrachtendes Wort ist es Ereignis, sondern der Hörer gehört dazu, damit es Ereignis wird.

Dann liegt also die Beglaubigung für die Wahrheit des Wortes in nichts außerhalb dessen, was sich zwischen Wort und Hörer abspielt. Daß das auf einen Subjektivismus hinauslaufe, kann nur meinen, wer nicht verstanden hat oder nicht ernst nimmt, was Wort bedeutet. Wer es aber versteht und ernst nimmt, der weiß: eine andere Möglichkeit, daß die Vergebung Gottes für den Menschen Wirklichkeit werde, als das Wort, gibt es nicht. Im Worte und nicht anders bringt Jesus die Vergebung. Ob sein Wort Wahrheit ist, ob er von Gott gesandt ist, – das ist die Entscheidung, in die der Hörer gestellt ist, und es bleibt bei Jesu Wort: *Heil dem, der nicht Anstoß nimmt an mir!*

NACHWORT von Walter Schmithals

Das Jesusbuch Rudolf Bultmanns, das nun zum erstenmal in einer billigen Taschenbuchausgabe greifbar ist, erschien 1926 in der »Deutschen Bibliothek« des jüdischen Verlegers Wertheim, der auch 1929 die zweite geringfügig ergänzte Auflage drucken ließ. Als der Verlag im »Dritten Reich« seine Tätigkeit einstellen mußte, übernahm J. C. B. Mohr (Paul Siebeck) in Tübingen das Buch, das inzwischen bereits in mehrere fremde Sprachen übersetzt worden war und heute in dänischen, schwedischen, englischen und japanischen Ausgaben, zum Teil in mehrfacher Auflage, vorliegt.

Daß ihm in dem vorliegenden unveränderten Neudruck ein Nachwort mitgegeben wird, möchte bei manchem Beobachter den Eindruck erwecken, Bultmanns Jesusbuch sei ein theologiegeschichtlich bedeutsames, historisches Werk, das *als solches* und folglich als ein Dokument der Vergangenheit nachgedruckt und zugleich in seiner Bedeutsamkeit verständlich gemacht werden soll. Der Leser des Buches wird solchen Eindruck zweifellos nicht gewinnen. Er ist heute wie vor vierzig Jahren gefesselt von der glänzenden und in ihrer Weise einmaligen Interpretation der Verkündigung Jesu. Er begreift unmittelbar, was Bultmann unter »einer höchst persönlichen Begegnung mit der Geschichte« versteht, von der er in der Einleitung spricht. Er vernimmt die Verkündigung Jesu als Frage, wie er selbst seine Existenz auffassen will, gleichgültig, ob er sich dieser Frage stellt oder nicht.

Freilich: gerade weil Bultmann die Geschichte Jesu nicht betrachten wollte, sondern versucht hat, ihr zu begegnen, ist sein Buch selbst ein geschichtliches Dokument, das heißt: ein Werk, das von ihm zu einer bestimmten Zeit geschrieben wurde, das zu dieser Zeit nur von *ihm* und von ihm nur zu dieser Zeit *so* geschrieben werden konnte. Bultmann wählte seinen Standpunkt bewußt nicht außerhalb der Geschichte, um von einer zeitlosen Idee aus das Werk Jesu zu werten; seine Interpretation der Verkündigung Jesu geschah vielmehr »in der konkreten Situation eines in der Zeit lebenden Menschen« (S. 12), weil es nur innerhalb der Geschichte zu einem Dialog mit der geschichtlichen Vergangenheit kommen kann. Darum mag es für manchen Leser hilfreich sein, wenn mit wenigen Sätzen die geschichtliche Situation gezeichnet wird, in der das Buch geschrieben wurde; denn wir, die wir vierzig Jahre später leben, befinden uns offenbar in einer in manchem veränderten geschichtlichen Situation.

Seit der Mitte des 19. Jahrhunderts war eine umfangreiche Leben-Jesu-Literatur erschienen. Ausgelöst wurde die Flut dieser Literatur durch den Versuch des Theologen David Friedrich Strauß, die ewigen Wahrheiten des Glaubens nicht auf eine Person, eben auf Jesus Christus, zu gründen, sondern unmittelbar auf die »reale Idee«, auf den »ewigen Geist«, in dem nach der Philosophie Hegels Gott und Menschheit eines sind. Das, was die kirchliche Tradition von Jesus Christus aussagt, sollte nach D. F. Strauß in Wahrheit von der Menschheit als ganzer gelten.

Gegen diese radikale Leugnung der Heilsbedeutung Jesu Christi, die eine Entwurzelung der christlichen Theologie bedeutete, wandte sich die später so genannte liberale Leben-Jesu-Theologie. Sie stellte die Person Jesu wieder in das Zentrum von Theologie und Glauben. Das konnte sie freilich nur mit den Mitteln und Möglichkeiten ihrer, der liberalen Zeit tun, für die die Bedeutung der Person darin lag, eine »Persönlichkeit« zu sein, von deren freier Entfaltung allein Wert und Würde des Menschen abhingen. Geschichtlich wirksam sind nach der Überzeugung dieser Zeit allein Persönlichkeiten. Auch Jesus konnte man sich also nur als Persönlichkeit wirksam vorstellen, nämlich als »die persönliche Verwirklichung und die Kraft des Evangeliums«, als welche er »noch immer empfunden« wird (Adolf von Harnack). Jesus galt als die Persönlichkeit schlechthin, und »bei Jesus zielt alles auf die Persönlichkeit des einzelnen«.

Die liberale Theologie sah also ihre Aufgabe darin, die Persönlichkeit »Jesus« zu erfassen. Sie hat nie daran gezweifelt, daß diese Aufgabe »durch das gesunde, am geschichtlichen Studium gereifte Urteil« (v. Harnack) gelöst werden konnte. Zwei Generationen liberaler Theologen bemühten sich in kritischer Arbeit, ein historisch gesichertes Bild der Persönlichkeit »Jesus« zu gewinnen und dieses Bild, wie es sich aus Jesu Lehre, seinem Verhalten und nicht zuletzt aus seinem Lebensgeschick erheben ließ, in einer umfangreichen Literatur zur Darstellung zu bringen.

Diese Literatur zeigte das Jesusbild in allen denkbaren Abstufungen. Das Heroische fehlt so wenig wie das Kitschige; biblische Farben finden sich ebenso wie der idyllische Stil der »Gartenlaube«. In einem liberalen Andachtsbuch lesen wir zum Beispiel: »Wissen wir, was eine Persönlichkeit ist? Das wissen wir nur, wenn wir einmal in ähnlicher Lage vor einer wahren Persönlichkeit standen wie jener

Aussätzige vor Jesus stand. Es gibt Menschen – nein, bei ihnen hört jede Beschreibung auf. Es haucht uns an, etwas Starkes, das in alle Poren unseres geistigen Wesens dringt. Es durchfährt uns wie ein Sturm. Ein Mächtiges legt sich zwingend über uns. Etwas in uns bebt vor diesem Mächtigen zurück, und etwas in uns drängt sich ihm entgegen. Ein Ruck, ein Neues!«

Die Vielfalt der liberalen Leben-Jesu-Bilder mußte früher oder später die Zuversicht in die historischen Grundlagen dieses ganzen Unterfangens erschüttern. Als 1906 die Geschichte der Leben-Jesu-Forschung von Albert Schweitzer erschien, konnte man die Augen nicht mehr vor der Tatsache verschließen, daß es ebenso viele verschiedene Leben Jesu gab wie Theologen, Historiker und Psychologen, die es unternahmen, ein solches Leben Jesu zu schreiben. Jedes von ihnen entworfene Bild des historischen Jesus spiegelte genau die moderne Persönlichkeit wider, die den Verfassern selbst als Ideal vorschwebte. Die aus dem liberalen Lager hervorgegangene religionsgeschichtliche Schule entdeckte zudem das für modernes Denken Fremdartige der urchristlichen Gedankenwelt, und es war eine auf die Dauer nicht vertretbare Inkonsequenz, wenn man den historischen Jesus von dieser Fremdartigkeit ausdrücklich ausnahm. So wies J. Weiss 1892 in einem Buch über »Die Predigt Jesu vom Reich Gottes« nach, daß Jesus das Reich Gottes nicht als in den sittlichen Persönlichkeiten angebrochen gepredigt – das war die bis dahin übliche Meinung –, sondern seinen bevorstehenden Anbruch im Sinne der jüdischen Apokalyptik erwartet hatte. W. Wrede stellte außerdem 1901 überzeugend fest, daß das Markus-Evangelium nicht die Möglichkeit bietet, einen Ablauf im Leben und in der inneren Entwicklung Jesu zu rekonstruieren, und zerstörte damit eine der ganzen Leben-Jesu-Theologie gemeinsame Grundlage. Schließlich erkannten die Forscher der formgeschichtlichen Schule, deren einflußreichster Vertreter Bultmann selbst ist, daß sich die Überlieferung der Evangelien aus nach bestimmten Gesetzen geformten Einzelstücken zusammensetzt, die ursprünglich selbständig in der Gemeinde umliefen. Die einzelnen Überlieferungsstücke erwiesen sich dieser Forschungsrichtung als älter als der chronologische Rahmen des Evangeliums, der nachträglich für sie geschaffen wurde. Damit fiel endgültig die Möglichkeit hin, ein Leben Jesu zu schreiben und eine Entwicklung der Persönlichkeit »Jesus« zu rekonstruieren.

Als Bultmann nach dem ersten Weltkrieg sein Jesusbuch schrieb, stand darum für ihn fest, »daß wir vom Leben und von der Persön-

lichkeit Jesu so gut wie nichts mehr wissen können« (S. 10). Es ist
ein groteskes Mißverständnis, wenn man diesen Satz heute gelegentlich in dem Sinne zitiert findet, nach Bultmanns Meinung könne
man von Jesus nichts mehr wissen. Bultmann hat nie daran gezweifelt, daß wir uns ein hinreichend deutliches Bild von der Lehre und
also von den Absichten und dem Werk Jesu verschaffen können.
Aber er bestreitet, daß wir, wie es die liberale Theologie versuchte,
das Leben Jesu und ein Bild seiner Persönlichkeit rekonstruieren
können. Denn weder Jesus selbst noch seine frühe Anhängerschaft
waren der Meinung, daß das Heil in den Persönlichkeiten liegt; die
christliche Überlieferung hat sich darum auch für die Persönlichkeit
»Jesus« nicht interessiert. Ihr Interesse richtete sich auf das Werk
Jesu, der durch sein Wort wirkte, und von eben diesem Interesse ist
auch Bultmann selbst in seinem Jesusbuch geleitet.

Dieses Interesse, in der Einleitung erläutert, führt im Buch zu
einer ständigen, wenn auch nicht ausdrücklichen Auseinandersetzung mit dem Jesusbild der liberalen Theologie. Wenn es heißt, daß
die Gottesherrschaft nicht ein höchstes Gut im Sinne der Ethik ist,
sondern das Wunderbare schlechthin; daß Jesus nicht zur Innerlichkeit, sondern zum Gehorsam ruft; daß er nicht den humanistischen
Universalismus noch Individualismus predigt, sondern die Erwählung des Gottesvolkes der Endzeit; daß für ihn der Mensch nicht als
»Charakter« oder »Persönlichkeit« seinen konstatierbaren Wert
hat, sondern erst in der Tat der Entscheidung zu seiner Bestimmung
findet; daß Jesus nicht das Tun des Guten um des Guten, sondern
um des Willens Gottes willen lehrt; daß ihm die Idee der Entwicklung des Menschen zu vollkommenem Menschentum fremd, der Gedanke an eine göttliche Natur undenkbar, der Begriff der Tugend
unbekannt seien – stets setzt Bultmann damit seine Interpretation
der Person Jesu gegen das liberale Bild der Persönlichkeit »Jesus«
ab, das beim Erscheinen seines Buches das in den Kreisen der Gebil-
deten noch herrschende Jesusbild war. Dieses Bild durch eine Begegnung mit dem wirklichen Jesus zu ersetzen, ist das erklärte Ziel
der Jesusdarstellung Bultmanns.

Zugleich diente es der Klarheit und Verständigkeit seines Bildes
von der Erscheinung Jesu von Nazareth, wenn er die Verkündigung
Jesu in ständiger Auseinandersetzung mit den Vorstellungen der
liberalen Leben-Jesu-Theologie darstellt. Dieser dialogischen Struk-
tur verdankt Bultmanns Buch ein gutes Teil seiner Anschaulichkeit,
Frische und Verständlichkeit, mit der es auch die heutige Generation,

für die das liberale Jesusbild längst verblaßt ist, unmittelbar anspricht. Wie sehr dies Buch eine Wende bedeutete, macht die kuriose Tatsache deutlich, daß es in 1. und 2. Auflage als erster Band einer Reihe erschien, die »Heroen« betitelt war und mit Lebensbildern großer Persönlichkeiten fortgeführt wurde; der Verleger hatte offensichtlich als selbstverständlich angenommen, daß eine sinnvolle Darstellung der Erscheinung Jesu auch diesen nur als religiösen Heros schildern könne.

Freilich ist diese Wende nicht auf den von Bultmanns Buch markierten Wechsel in der Darstellung der Gestalt Jesu von Nazareth beschränkt. Dieser Wechsel ist vielmehr nur Ausdruck einer umfassenden theologischen Neubesinnung, die vor allem mit den Namen Karl Barth, Rudolf Bultmann, Emil Brunner und Friedrich Gogarten verbunden ist und unter der vieldeutigen Bezeichnung »dialektische Theologie« bereits in die Geschichte der neueren Theologie eingegangen ist.

Das liberale Jesusbild war Ausdruck einer Grundhaltung, in der man das Göttliche unmittelbar im Irdischen – in Kultur, Philosophie, Religion und anderen Manifestationen der großen Persönlichkeiten – meinte ansehen zu können. Die latenten Gegenkräfte gegen diese unbiblische Einstellung wurden durch die Erfahrungen des ersten Weltkrieges, die die optimistische Rede von der Würde des Menschen, dem Adel seiner sittlichen Persönlichkeit und dem unendlichen Wert der Menschenseele verstummen ließen, nach vorne gedrängt. Man sprach nun von Gott als von dem »ganz anderen«, der durch einen unendlichen qualitativen Unterschied vom Menschen getrennt ist. Die einzige Gestalt, in der der ferne unbekannte Gott als dieser ferne und unbekannte dem Menschen nahe kommt, sich bekannt macht und ihm begegnet, ist das Wort, und zwar das Wort als Anrede, als Ereignis, als Tat, nicht als Mitteilung, Überlieferung, Lehrsystem. In seinem Wort, das mich hier und jetzt trifft, bricht Gottes Herrschaft als ein Wunder über den Menschen herein, der sich angesichts solcher Ansage des Reiches Gottes nur mit Ja oder Nein entscheiden kann. In dieser Entscheidung steht je und je und stets von neuem das Ganze der menschlichen Existenz auf dem Spiel; denn die Existenz des Menschen ist dialektischer oder, wie Bultmann lieber sagt, geschichtlicher Art. Menschliches Sein ist Sein-Können, der Mensch kann sich selbst gewinnen und sich selbst verlieren. Wahrhaft sich selbst gewinnen kann er aber nicht von sich aus, sondern nur im Anruf des Wortes Gottes. Wo der Mensch Gottes

Urteil, das in Jesus Christus über ihn ergeht, annimmt, beugt er sich Gottes radikalem Nein zu seinen, des Menschen eigenen Möglichkeiten, dem Göttlichen zu begegnen, um zugleich ein volles Ja Gottes zu einem Leben aus der Gnade zu empfangen. Dabei liegt es im Wesen der Offenbarung als Wortgeschehen begründet, daß sie als solche nicht ausweisbar ist. Nur im unbedingten Gehorsam dem Wort gegenüber erschließt sich dies Wort als Gottes Offenbarung.

Es kann dem aufmerksamen Leser des Jesusbuches nicht entgehen, daß Bultmann die überlieferte Verkündigung Jesu mit diesen grundlegenden Erkenntnissen der sogenannten dialektischen Theologie konfrontiert und von ihnen aus interpretiert. Nicht von ungefähr dienen in Bultmanns Buch Begriffe wie Entscheidung, Wort, unweltlich, hier und jetzt, radikaler Gehorsam, paradox, Existenz, der ferne und der nahe Gott usw., die als solche Begriffe nicht der Verkündigung Jesu entnommen sind, dazu, diese Verkündigung gegenwärtig Ereignis werden zu lassen.

Darin zeigt sich die echte Geschichtlichkeit der Begegnung mit der Jesusüberlieferung, die in Bultmanns Jesusbuch vorliegt. Nun geschah jener Aufbruch der »Theologie des Wortes«, in deren Umkreis Bultmann sein Buch schrieb, vor mehr als vierzig Jahren. Vermag der Mensch von heute der Verkündigung Jesu noch in den Begriffen zu begegnen, die damals geprägt wurden? Nun, das muß der Leser selbst entscheiden, eingedenk der Worte am Ende von Bultmanns Vorwort, »daß es keinen Wert hat, sich die Sache leichter zu machen, als sie angesichts unserer geistigen Verfassung ist«. Daß sich diese unsere geistige Verfassung in den vergangenen vierzig Jahren entscheidend geändert hat, wird man schwerlich sagen können. Die tatsächlich erfolgten Veränderungen jedoch sollten uns die Sprache jener Zeit eher verständlicher als unverständlich gemacht haben.

Im Zusammenhang mit den durch die dialektische Theologie aufgedeckten Erkenntnissen ist auch der vielbeachtete und oft mißverstandene Hinweis in Bultmanns Einleitung zu sehen, daß es für die in seinem Buch intendierte Begegnung mit der Geschichte nicht wesentlich sei, daß wirklich *Jesus* der Träger der Gedanken war, die uns als Verkündigung Jesu begegnen. Wir sagten bereits, daß Bultmann selbst nicht daran zweifelt, in dieser Überlieferung dem Werk des historischen Jesus zu begegnen. Aber das ist seiner Meinung nach für diese Begegnung als solche nicht wichtig. Er stellt es jedem frei, dieses »Jesus« für sich immer in Anführungszeichen zu setzen.

Diese Bemerkungen haben den Verdacht erweckt, als sei nach Bultmann die christliche Theologie an der Person Jesu gar nicht interessiert. Das ist ein Mißverständnis, das Hand in Hand geht mit dem anderen Mißverständnis, die Predigt Jesu oder »Jesu« sei für Bultmann bereits Evangelium oder, wie er gerne sagt, Kerygma. Aber Evangelium ist nach Bultmann nicht die Predigt Jesu, sondern erst die Predigt von Jesus als dem Gekreuzigten und Auferstandenen. Nur als der Verkündigte, nicht als der Verkündiger, ist die Person Jesus Christus Inhalt des Kerygmas. Darum kann er schreiben: »Erst die Predigt der Gemeinde, zu deren Inhalt die Person Jesu gehört, ist ›Evangelium‹; nicht die Predigt des geschichtlichen Jesus, die ich in meinem Buch dargestellt habe« (1926 brieflich), und: »Sowenig mein Jesusbuch Kerygma ist, sowenig begegnet im Kerygma der historische Jesus.«[1]

Dieses Urteil begründet Bultmann exegetisch: »Weder Paulus noch Johannes vermitteln eine geschichtliche Begegnung mit dem geschichtlichen Jesus. Die Synoptiker tun es..., wenn sie im Sinne der geschichtlichen Nachfrage gelesen werden, in ihrem eigenen Sinne aber nicht.« Bultmann ist natürlich nicht der erste, der diese exegetische Erkenntnis faßte. Aber es ist nicht von ungefähr, daß er sie im Anschluß an die »Theologie des Wortes« und in Übereinstimmung mit ihr energisch zur Geltung brachte. Für die liberale Leben-Jesu-Theologie nämlich, die die Persönlichkeit »Jesus« in den Mittelpunkt des Evangeliums stellte, war dies Evangelium notwendig auf die Ergebnisse der historisch-kritischen Wissenschaft angewiesen, die das Bild des »wirklichen« Jesus historisch erarbeiten mußte, um dem Glauben eine zuverlässige Grundlage zu geben. Eine solche Grundlage war aber für die Theologie des Wortes, die das Evangelium als überführende Anrede Gottes, eben als Kerygma verstand, das Ende des Glaubens. Die Funktion der kritischen Bibelwissenschaft sah sie vielmehr darin, das historisch-kritische Studium als untragbare Grundlage der glaubenden Erkenntnis Jesu Christi zu entlarven. Bultmann zitierte darum beifällig den Satz Karl Barths: »Wer es etwa noch nicht weiß..., daß wir Christus nach dem Fleisch *nicht* mehr kennen, der mag es sich von der kritischen Bibelwissenschaft sagen lassen; je radikaler er erschrickt, um so besser für ihn und die Sache.«[2] Daß im Umkreis solcher biblisch wohlbegründeter Erkenntnisse auch die andere exegetische Erkenntnis sich durch-

1 Bultmann, R.: Kerygma und Mythos I S. 133.
2 Bultmann, R.: Glauben und Verstehen I S. 4.

setzte, daß das Evangelium die Person des Gekreuzigten als solche, nicht die historisch zu sichernde und kritisch zu erhebende Verkündigung Jesu zum Gegenstand hat, leuchtet ohne weiteres ein.

Freilich, in welchem Leser von Bultmanns Jesusbuch würde sich nun nicht die Frage erheben, in welchem Verhältnis die Verkündigung Jesu zu dem Kerygma von ihm steht? Ja, wer Bultmanns Jesusbuch gelesen hat, wird – mit ihm – vermutlich noch radikaler fragen: »Wenn die Verkündigung... Jesu den Hörer schon vor die Entscheidung stellt und ihm die Möglichkeit einer neuen Existenz erschließt – warum kann sich die apostolische Predigt nicht darauf beschränken, die Verkündigung Jesu einfach zu *wiederholen*, wie andere Schüler die Lehre ihres Meisters wiederholen?... Ja mehr! Wenn echte Geschichtsinterpretation das damalige Jetzt zum heutigen macht, wenn also der Historiker auf Grund seiner existentiellen Begegnung mit der Geschichte Jesu seinen Hörer (oder Leser) in die Situation der Entscheidung gegenüber Jesus führen kann – hat dann das Christuskerygma nicht seinen Sinn verloren, ist es dann nicht überflüssig geworden?«[3]

Auf diese Frage gibt Bultmann in seinem Jesusbuch keine Antwort. Er schrieb wenige Monate nach dessen Erscheinen: »Ich habe von dieser Frage in meinem Buche deshalb abgesehen, damit das Problem deutlich hervortritt, das eben im Verhältnis des Verkündigers zum Verkündigten liegt; dazu muß vorher der Verkündiger, und zwar eben durch seine Verkündigung, und nur durch sie, deutlich gesehen werden. Mein Buch ist also, wenn man so sagen will, ein erster Band« (brieflich).

Nun, ein zweiter Band ist mit diesen Worten nicht eigentlich in Aussicht gestellt und auch nicht erschienen. Ihn vertritt mehr oder weniger die gesamte weitere Arbeit Bultmanns, die sich oder soweit sie sich der Frage nach dem biblischen Kerygma zuwendet. Dies Kerygma aber unterscheidet sich nach der Auffassung Bultmanns darin von der Verkündigung Jesu, daß es das ›Einmal‹ des historischen Jesus in das »›Ein-für-allemal‹ verwandelt hat; anders ausgedrückt, daß die älteste Gemeinde (mit immer größerer Klarheit) die Geschichte Jesu als das entscheidende eschatologische Ereignis verstanden hat, das als solches nie zu einem bloß vergangenen werden kann, sondern präsent bleibt, und zwar in der Verkündigung...

---

3 Sitzungsberichte der Heidelberger Akademie der Wissenschaften, Phil.-hist. Klasse, 1960, 3, S. 26 ff.

Wenn die bloße Wiederholung der Verkündigung Jesu – sei es durch die in den Synoptikern verarbeitete Tradition, sei es durch die moderne Geschichtsschreibung – die Vergangenheit in der Weise präsent macht, daß sie den Hörer (oder Leser) vor die Entscheidung für (oder gegen) eine in der Verkündigung des historischen Jesus erschlossene Möglichkeit des Selbstverständnisses stellt, so fordert das Christus-Kerygma den Glauben an den in ihm präsenten Jesus, der nicht nur, wie der historische Jesus, das Heil verheißen, sondern der es schon gebracht hat ... Diesen Glauben gibt es erst jetzt, und erst jetzt können Tod und Auferstehung Jesu als Heilsereignisse verkündigt werden, mit denen der neue Äon begonnen hat.«[4]

In diesen Worten ist der für Bultmann entscheidende Unterschied zwischen der Predigt Jesu und dem Kerygma von Jesus hinreichend deutlich zum Ausdruck gebracht. Wegen dieses Unterschiedes behandelt Bultmann in seiner Untersuchung über »Das Urchristentum im Rahmen der antiken Religionen« die Verkündigung Jesu nicht in dem Abschnitt über das Urchristentum, sondern in dem über das Spätjudentum, und in seiner »Theologie des Neuen Testaments« wird die Verkündigung Jesu unter den Voraussetzungen der neutestamentlichen Theologie abgehandelt: »Denn die Theologie des NT besteht in der Entfaltung der Gedanken, in denen der christliche Glaube sich seines Gegenstandes, seines Grundes und seiner Konsequenzen versichert. Christlichen Glauben aber gibt es erst, seit es ein christliches Kerygma gibt, d. h. ein Kerygma, das Jesus Christus als Gottes eschatologische Heilstat verkündigt, und zwar Jesus Christus, den Gekreuzigten und Auferstandenen. Das geschieht erst im Kerygma der Urgemeinde, nicht schon in der Verkündigung des historischen Jesus ...« Anders läge es offenbar, wenn Jesus der erste *Christ* wäre; aber nun ist er der *Christus*.

Daß Bultmann damit die Kontinuität vom historischen Jesus zur Predigt von ihm nicht leugnet, ist einsichtig und jedem Leser seines Buches ohne weiteres klar. Indem Bultmann freilich konzediert, daß der Leser das Wort »Jesus« auch in Anführungszeichen setzen darf, gibt er zu erkennen, daß das christliche Kerygma seiner Meinung nach auf solche Kontinuität nicht angewiesen ist.

Wer von den Lesern dieses Nachwortes von der Diskussion um das Problem des historischen Jesus Notiz genommen hat, die vor

4 Sitzungsberichte der Heidelberger Akademie der Wissenschaften, Phil.-hist. Klasse, 1960, 3, S. 26 ff.

etwa zehn Jahren durch die Initiative Ernst Käsemanns im Kreise der Schüler Bultmanns neu in Gang gebracht wurde, weiß, daß sich an eben diesem Problem der Kontinuität die neue Frage nach dem historischen Jesus entzündet hat und daß solches Problem ihr eigentliches Thema darstellt. Man fragt intensiv nach dem Sinn, nach der historischen oder theologischen Notwendigkeit der auch nach Bultmanns Meinung tatsächlich vorliegenden Kontinuität bzw. Konstanz von der Predigt des historischen Jesus zu der Verkündigung von ihm. Die Berechtigung der Anführungszeichen, in die Bultmann den Namen »Jesus« zu setzen erlaubte, sofern es um den sogenannten »historischen Jesus« geht, wird dabei weitgehend bestritten. Karl Barth hat diese Entwicklung mit leisem Spott zur Kenntnis genommen und sich über »die maßgebenden Neutestamentler« mokiert, »die sich zu meiner nicht geringen Verblüffung aufs neue, mit Schwertern und Stangen bewehrt, auf die Suche nach dem ›historischen Jesus‹ begeben haben, an der ich mich nach wie vor lieber nicht beteiligen möchte.«[5] Bultmann selbst hat sich mit dieser neuen Entwicklung in einem Aufsatz über ›Das Verhältnis der urchristlichen Christusbotschaft zum historischen Jesus‹[6] sachlich und kritisch beschäftigt.

Ein Ende dieser Diskussion ist noch nicht abzusehen. Verständlich aber ist dieses gegenwärtige Gespräch nur auf Grund der Voraussetzungen, die Bultmann mit seinen Arbeiten zum Problem des historischen Jesus geschaffen hat, und der, wenn man so sagen will, erste und grundlegende Band dieser Arbeiten stellt eben sein nun in der vorliegenden Gestalt neu vorgelegtes Jesusbuch dar.

5 Junge Kirche 5, 1960, S. 226 f.
6 Sitzungsberichte der Heidelberger Akademie der Wissenschaften, Phil.-
   hist. Klasse, 1960, 3.

Verzeichnis der wichtigsten besprochenen Stellen
aus den synoptischen Evangelien

Die kursiv gesetzten Seitenzahlen weisen auf das Hauptzitat
der betreffenden Bibelstelle hin.